飞鸿踏雪泥

中国仪表和自动化产业发展60年史料

第五辑

史料编委会 编

中国仪器仪表学会 主办

浙江大学工业控制技术国家重点实验室 承办

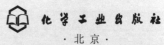

化学工业出版社

·北京·

本书是中国仪表和自动化产业发展60年史料的第五辑。该辑共收录文章（诗）27篇。每篇文章均配有作者照片或反映历史史实的老照片。

全书共分宗师风范、锲而不舍、大路蹄痕、如日方升、感叹岁月五个栏目，所收录的文章多是以第一人称记述的，是仪表和自动化人的亲身经历、亲手所为、亲眼所见。

期盼本书的出版能激励年轻一代的仪表和自动化工作者们在振兴中华、勇攀高峰的过程中成为参天大树，脚踏实地，展翅高飞。

图书在版编目（CIP）数据

飞鸿踏雪泥．第五辑/史料编委会编．—北京：化学工业出版社，2018.11
ISBN 978-7-122-33076-5

Ⅰ.①飞… Ⅱ.①史… Ⅲ.①自动化仪表-工业史-中国-文集 Ⅳ.①F426.67-53

中国版本图书馆CIP数据核字（2018）第217502号

责任编辑：刘 哲　　　　　　　　　　　装帧设计：王晓宇
责任校对：王素芹

出版发行：化学工业出版社（北京市东城区青年湖南街13号　邮政编码100011）
印　　装：三河市延风印装有限公司
710mm×1000mm　1/16　印张13　字数191千字　2018年10月北京第1版第1次印刷

购书咨询：010-64518888　　　售后服务：010-64518899
网　　址：http://www.cip.com.cn
凡购买本书，如有缺损质量问题，本社销售中心负责调换。

定　　价：98.00元　　　　　　　　　　　　　　　　版权所有　违者必究

第五辑编委会
（按汉语拼音排列）

主　　任	章　全				
副 主 任	范忠琪				
学术编委	李运光	彭　瑜	王树青	夏德海	徐义亨
文字编委	林寰寓				
委　　员	蔡武昌	陈逢阳	范建文	方原柏	黄衍平
	金义忠	乐嘉谦	刘　琴	潘立登	石明根
	王复兴	徐炳华	张光平	张　莉	

总序

中国的仪表、自动化发展历史久远。据《韩非子·有度》记录，远在战国时代就已有了利用自然磁铁制成的指南仪器，称为司南。据《西京杂记》记载，西汉年间就出现了利用齿轮传动系统和离合装置来指示方向的指南车。

1925年，我们的前辈在上海建立的中国科学仪器馆开创了我国近现代仪表制造业。1928年冬，国民政府工商部鉴于工业试验与研究为发展工业之必要基础，在呈请国民政府筹设工业试验所的呈文中称："……国货之真伪，制造之优劣，既非目力所能鉴别，亦非徒手所能分析，势不能不借助于精密之仪器……"1932年，在已成立的全国最大的工业研究试验机构——中央工业试验所设立了电气工业试验室，聚集了我国最初的仪表科技人员。数年之中，依照国际通行的ASTM标准，我国研制的检测仪器、试验设备达26个种类。

在抗战最艰苦的年月，西南联大等高校开设了《应用电子学》《伺服机件》等课程，这是我国最早的仪表和自动化课程。之后，诸如钱学森、钱钟韩、王大珩、钟士模、沈尚贤、张钟俊、王良楣、杨嘉墀、李华天、郎世俊、周春晖、方崇智、疏松桂、朱良漪等有志者，他们矢志民族复兴、国家昌盛、科学文化的繁荣，凭借着信念与坚韧，奔赴海外求学、工作，而后归国从教立业，成为我国现代史上仪表和自动化领域内各领风骚的名师大家。

新中国成立60多年来，特别是前30年，我国仪表和自动化行业自力更生、艰苦创业，在艰难的环境中百折不挠地成长发展，老一辈科技工作者、企业领导和广大职工为此付出了辛勤的汗水，为我国仪表和自动化事业奠定了坚实的基础，立下了不朽的功勋。1957年，受教育部委托，清华大学开办的生产过程自动化进修班，为我国培养出第一批从事自动化技术的高级人才，他们中的大多数人后来成了教育、研究、设计和产业单位的领军人才与核心人物。改革开放后的30多年中，我国仪表和自动化技术与产业乘改革开放之东风，抓住了信息化、数字化、网络化、智能化的机遇，发展突飞猛进，仪表和自动化领域内的诸多空白被迅速填补，我国和世界先进国家之间的差距显著缩小，成就举世瞩目。

为彰显仪表与自动化技术在国民经济中的重要作用，弘扬老一辈仪表和自动化人的历史功绩和锲而不舍的创新创业精神，中国仪器仪表学会和中国仪器仪表行业协会于2011年10月发出了《关于征集中国仪表和自动化技术、应用和产业发展60年史料联合通知》。通过一年多来各方的共同努力，中国仪表和自动化60年发展史史料《飞鸿踏雪泥》终于出版了。

《飞鸿踏雪泥》收录的文章多是以第一人称记述的，是仪表和自动化人的亲身经历、亲手所为、亲眼所见，他们在新中国成立以来的60多年中，留下了难以磨灭的记忆。一篇篇文稿饱含深情地记载着历史，一张张凝聚并唤起记忆的老照片，将人们的思绪带回到了60多年的历史进程中。那些曾经的人和事，不仅让人们领悟了历史赋予的深意，更让人们体会到在"人""事"之中所蕴含的规律和精神。这些文稿、这些照片是新中国成立60多年来我国仪表和自动化事业发展历史的宝贵素材。

60年中国仪表和自动化事业的发展历史，文献素材之多浩如烟海，实物、典藏之富犹如宝库。希望能把这件有意义的工作有始有终地坚持下去，以精析历史，启迪未来，回报社会。

60年已经过去，新的时代已经到来。"日出江花红胜火，春来江水绿如蓝。"《飞鸿踏雪泥》埋藏孕育着未来的种子，作为曾在这个领域工作和奋斗过的一员，我期盼《飞鸿踏雪泥》的出版能激励年轻一代的仪表和自动化工作者们在振兴中华、勇攀高峰的过程中成为参天大树，脚踏实地，展翅高飞。

是为序。

第十届、十一届全国人大常委会副委员长

中国科学院原院长

中国科学院、中国工程院院士

题词

史料见证辛劳的业绩

展现创新的风采

马少梅

马少梅，回族，1932年生于济南，1961年毕业于苏联基辅工学院，历任上海工业自动化仪表研究所研究室副主任，重庆自动化仪表研究所所长、总工程师，机械部仪表局总工程师、教授级高级工程师。中国仪器仪表学会常务理事、荣誉理事，国家自然科学基金评审专家，国家发明奖评审专家，中国自动化学会常务理事、荣誉理事，中国仪器仪表行业协会常务理事、顾问。曾获机械部科技进步二等奖、机械电子部软科学三等奖、国家计委办公厅三等奖。

> 为工匠立传，
> 为自控人写照，
> 雪泥鸿爪记春秋！
>
> 李海青 2018年3月

　　李海青，女，1934年生，山东莘县人。1956年毕业于大连工学院化工机械专业，同年至浙江大学化工系任教。1957~1958年在清华大学自动化班进修，后一直从事化工自动化、检测技术与自动化装置领域的教学与科研工作。1983年、1988年先后晋升为副教授、教授，1993年担任博士生导师。1992年起享受政府特殊津贴。先后任浙江大学化工系化工仪表教研室主任、研究生院工学学科督导组组长。中国计量测试学会多相流测试专业委员会副主任兼秘书长，中国仪器仪表学会节能技术委员会理事，中国化工计量管理协会技术委员会名誉主任，浙江省仪器仪表学会副理事长，《炼油化工自动化》《化工自动化及仪表》《电子测量与仪器学报》编委。

六十载励精图治铸辉煌，
新时代不忘初心谱新篇！

徐建平
2018年3月

徐建平，1962年7月生，教授级高级工程师。1984年毕业于江苏工学院（现江苏大学）工业电气自动化专业。现任上海工业自动化仪表研究院院长，长期从事自动化仪表系统共性关键技术研究及行业标准化工作。享受国务院特殊津贴。国际电工委员会防爆认证体系技术委员会主席，IECEx国际同行评审主任评审员，国际自动化学会（ISA）资深会员，英国皇家特许工程师（CEng），上海市国际标准化专家，上海市安全生产核心专家，华东理工大学兼职教授，全国工业过程测量控制和自动化技术标准化委员会（SAC/TC124）副主任委员，防爆电气设备标准化技术委员会（SAC/TC9）副主任委员，中国仪器仪表学会理事。获"全国优秀科技工作者"称号、IEC1906奖、徐光启科技奖章。

第五辑序

自《飞鸿踏雪泥》（第一辑）于2013年出版，倏忽之间，五年过去了。五年间，我们出版了《飞鸿踏雪泥》的前四辑，在我国仪表和自动化界引起了很大的反响。不少仪表和自动化界的老前辈、老专家通过电话、书函、邮件、微信表示祝贺和支持，希望我们把这项工作继续下去，让这些珍贵的历史事迹和感人的故事浮出水面，进入仪表和自动化人以及行业外读者的视野。

同时，老前辈们继续伏案，回忆当年的情景和难忘的往事；一些中年和青年作者也加入这一行列，采访前辈故事。我们不断收到新的来稿。来稿中有斐然之文，有朴实之言；有综合讲述，有一事成篇；或图表细述，或图文并茂。这些文章，饱含着作者们对岁月的深深眷恋，饱含着仪表自动化人知识报国、科技强国的梦想和情怀。

现今，根据已征集到的来稿，我们编辑出版中国仪表和自动化事业发展60年史料《飞鸿踏雪泥》（第五辑）。该辑共收录文章（诗）27篇，文中还配有作者及反映历史史实的老照片。全书共分宗师风范、锲而不舍、大路蹄痕、如日方升、感叹岁月五个栏目。

在"宗师风范（先行篇）"里，首先洪志光在文中记录了王大珩院士关心仪表企业的片断。接着徐炳华从刘豹先生写给他的两封信说起，介绍了刘豹先生报效祖国、矢志不渝的高尚人格。

在"锲而不舍（研究篇）"栏目里，介绍了我国60多年来仪表自动化的研发和生产经历，有裘履正的仪表可靠性工作，徐义亨讲述撰写《控制工程中的电磁兼容》一书时的感悟，还有国产离子色谱仪的故事，中国原子吸收的"前世今生"，索秀慧回忆五十年代的自动化仪表，以及防爆仪器仪表试验室的建立。

在"大路蹄痕（工程篇）"栏目里，记叙的是我国自动化工程的设计建设、大型装置的自动化应用的发展情况，以及自动化专业的教学科研情况，有816地下核工程成群流量仪表研制的回顾，有浙江大学、天津大学自动化专业的发展历程，有化工企业的介绍，有仪表引进项目的情况，还有仪表企业西迁的故事，以及一次仪表配件失常的抢修战。

在"如日方升（企业篇）"栏目里，顾巨川、范建文介绍了上海市仪器仪表工业企业发展的总体情况，刘慰严介绍了上海工业自动化仪表研究所的成长历程，还有上海自动化仪表六厂、吴忠仪表公司的发展状况。

在"感叹岁月（其他）"栏目里，有谷子的上海仪表史话（下），有李运光难以忘怀的长廊和那本书，黄衍平、陈婉秋则回忆了在甘肃的风雨五十载。

当年开创仪表和自动化事业的前辈们大都年事已高。在《飞鸿踏雪泥》（第五辑）的作者里，王同辰、顾巨川、蔡武昌已驾鹤西游，未能亲眼看到这本书的出版发行。时不我待，为此，我们克服人力、经费等种种困难，使得《飞鸿踏雪泥》（第五辑）能尽早与读者见面。

由于我们知识所局，人力所限，《飞鸿踏雪泥》（第五辑）的疏漏在所难免，敬请广大读者不吝批评指正。

《飞鸿踏雪泥》第五辑编辑委员会

2018年8月

飞鸿踏雪泥

目录

宗师风范（先行篇）
王大珩院士自仪公司考察记｜洪志光／2
报效祖国　矢志不渝｜徐炳华／5

锲而不舍（研究篇）
我经历的仪表可靠性工作（下）｜裘履正／16
尘封往事：中国军工助力国产离子色谱仪起航｜王　明／25

零落成泥碾作尘｜徐义亨／31
中国原子吸收的"前世今生"｜刘丰秋／36
五十年代苏联援建的自动化仪表｜索秀慧／45
走在自控发展之路上｜蔡亚吉／52
防爆仪器仪表试验室建立｜胡富民／62

飞鸿踏雪泥

大路蹄痕（工程篇）

816地下核工程成群流量仪表研制回顾｜卢国伟　蔡武昌/74
浙江大学控制学科（化自）发展概要｜范菊芬/78
天津大学工业控制仪表专业60年发展历程｜王化祥　王正欧　徐炳华/90
小部件影响大生产｜郑灿亭/100
流量仪表的技术引进｜蔡武昌/105
参加第一个进口专利项目｜索秀慧/112
曾经的岁月｜仇永兰/119

如日方升（企业篇）

上海市仪器仪表工业发展史概要（下）｜顾巨川　范建文/126
奋发创业六十年　科技创新庆辉煌｜刘慰严/134
一家小厂的嬗变之路｜洪志光/140
吴忠仪表厂发展记录｜石玉杰/144

感叹岁月（其他）

上海仪器仪表业史话（下）｜谷　子／150
那条长廊那本书｜李运光／168
风雨五十载｜黄衍平　陈婉秋／171
人生感悟诗四首｜王同辰／178
记忆犹新的几件事｜索秀慧／180
两次在株洲的经历｜仇永兰／185
望海潮　夜读飞鸿来稿｜林寰寓／190

谢幕词

宗师风范(先行篇)

王大珩院士自仪公司考察记

洪志光

2001年，我时任上海自动化仪表股份有限公司（下简称"自仪股份公司"）总经理办公室主任。那年的10月24日，接到中国仪器仪表学会副秘书长肖中汉从北京打来的电话，称："10月26日总会会长陆廷杰和我二人陪同我国重量级科学泰斗王大珩到自仪股份公司看一看，王老十分关心自仪公司发展，这是王老亲自点名要看的单位。"接此电话，我马上向公司总经理范幼林、党委书记郑祖明作了汇报，然后商议接待王老参观的有关事项。

20世纪80年代到90年代初，是自仪股份公司引进国外先进技术的最盛期，先后从美国、日本、意大利、德国等工业发达国家引进24项产品技术，使主要产品在品种、质量和技术档次上实现了升级换代，进一步提高、保持技术优势，并带动国内自动化产业的发展。在这样转型发展的关键时机，科学泰斗王老的到来，对自仪股份公司的进一步发展，无疑是雪中送炭，莫大的鞭策。

2001年10月26日上午10时左右，王老在中国仪器仪表学会会长陆廷杰、副秘书长肖中汉的陪同下，来到位于上海市延安西路1599号的自仪股份公司总部，公司党委书记郑祖明、总经理范幼林与王大珩院士紧紧握手，欢迎王老在百忙之中亲临上海指导公司工作。

在公司七楼会议室，王老等嘉宾先看了公司自改制股份公司后录制的一部电视片。在该部电视片中，较详细地记录了公司1994年在新加坡成功上市后，利用募集的资金与国外的先进技术，陆续建立了二十多家合资企业，其中三分之一的合作伙伴为国际一流企业，如德国西门子、美国西屋公司、日本横河公司、意大利康茂胜公司等。产品门类也从检测仪表扩展到过程自动化、工程自动化、计算机等领域。1997年6月，公司成立了技术中心，1998年1月被国家经贸委、财政部、国家税务总局、海关总署四部委确认为国家级企业技术中心。看完公司录像，公司领导陪同王老到达位于8楼的技术中心，从头至尾，王老看得仔细,问得专业。当看到技术中心聚集了一大批年轻技术骨干在实验室工作时,他停上脚步兴奋地说:年轻有为,后生可畏,公司的未来在他们身上。

正中坐者为王大珩院士

走出技术中心,我们考虑到王老八十多岁,便问王老是否需要休息一下,王老说:"你们还有什么可以让我看看的?"当听说我们在底楼还有一个公司展示大厅时,王院士连忙说:"我要去看看,可以了解得多一些。"我们随即到了产品展示大厅。展厅里,记录着公司自1925年留美归国工程师丁佐成先生在上海成立中华科学仪器馆,1927年,改组为大华科学仪器股份有限公司,是中国第一家仪器仪表工厂。大华制作的中国第一只2″M型直流电表,为国产电表之鼻祖,自此,中国的仪表工业从这里起步。王老认真观看,并对陪同的自仪股份公司领导提出建议。王老说:你们与国外先进的自动化企业搞合作,这条路子要走好,关键是把人家好的技术学到手,变成自己的财富,才能更好地发展提高自己的自动化水平。

在展示大厅出口处,我请王老在留言簿上为我公司题词,王老稍加思索后,在留言簿上欣然题词:"发展系统集成技术,促进我国工业自动化控制技术不断前进。——王大珩"。

王老是我国杰出的科学家、教育家、两弹一星功勋奖章获得者,中国科学院、中国工程院院士,国际宇航科学院院士,国家863计划缔造组织领导者之一。王老生前十分关心中国仪器仪表工业的发展。1997年10

月，王老多次联络杨嘉墀等11位院士，向国务院提出重视我国仪器仪表工业的发展建议。2000年10月，王老等20名院士再次联名向国务院提出振兴仪器仪表工业的建议，得到了时任国务院领导的高度重视，并提出了"关于振兴中国仪器仪表工业的六点意见"的批示。王老为我国仪器仪表工业的振兴发展殚精竭虑，功不可没。

2011年7月24日，我在中央电视台新闻联播中得知：王大珩院士追悼会在北京八宝山革命公墓举行。我的心一下揪了起来，王老的音容笑貌浮现在我眼前，我翻出了与王老的合影，眼前逐渐模糊起来……

王老，我们永远怀念您！

作者简介

洪志光，1949年12月生，上海市人，高级经济师。1975年4月部队复员，先后任上海自动化仪表六厂工会宣传干事、宣传科长、厂办主任；1988年8月在上海仪器仪表行业协会工作，任办公室主任；1991年1月入上海自动化仪表公司，任办公室秘书、副主任；1994年4月任办公室主任，兼中国仪器仪表学会第八届理事会理事，中国仪器仪表学会管理科学分会第五届、第六届理事、副秘书长。2009年12月退休。现任中国仪器仪表学会管理科学分会常务理事、秘书长，《管理探索》杂志总编。

报效祖国 矢志不渝
——再读刘豹先生的两封信

徐炳华

刘豹教授是我国自动控制和系统工程著名专家，也是该领域内教育的开拓奠基者之一。早年从事自动化控制的教学和科研，创办了我国第一个化工仪表与自动化专业。1954年出版了国内第一部自动控制方面的专著（那时钱学森先生尚未回国，他的《工程控制论》在20世纪60年代由宋健翻译后出版）。刘豹先生在20世纪50年代后期就领导开展气动自动学及其技术研究，为我国气动仪表研制提供了技术理论。60年代初高教部责成由他牵头在天津组织国内的浙江大学、清华大学、华东化工学院等10所相关高校编写国内第一部统编专业教材《热工测量仪表》。1978年后，他的研究领域扩展到系统工程，是我国系统工程学科的开创者之一。在能源系统工程、社会经济系统建模理论等研究领域取得了重要成果，为这两个学科的发展作出了开创性贡献。

刘豹先生1923年6月12日生于上海。父亲刘海粟是中国著名的艺术教育家、书画艺术大师。刘豹幼年正值其父创业初期，其父常与蔡元培、徐志摩、傅雷等教育、文化界人士来往，深受他们为教育、艺术献身精神的影响，加之目睹帝国主义列强侵略中国，刘海粟先生曾去南洋义卖，捐资抗日救国运动。耳濡目染的刘豹从小就立志要为中国振兴而奋斗。他1936年进入江苏省立上海中学学习。1941年冬，日本发动太平洋战争，侵入了当时上海租界地构成的孤岛，中学毕业的他目睹山河破碎、人民遭难，绝不甘做亡国奴，便与同学奔赴内地，到了抗日时期的陪都重庆，放弃了继承父亲书画艺术的有利条件和环境，考入重庆大学机械工程系，那时他认为机械制造是振兴国家的工业。为国家学习、报效祖国的理念成为青年刘豹终身的行动准则。他还认为强健体魄是报效国家的基本条件，努力锻炼身体，在大学期间是学校的足球队员。

1945年抗战胜利，他在1946年大学毕业后转入在清光绪年间完全按照西方学制首次在天津创建的北洋大学

6

（天津大学前身）机械工程系任助教。后又于1948年春入美国科罗拉多大学（Boulder）研究生院，就读机械力学系，1949年春获硕士学位（MS）。同年受聘于美国费城Baldwin Co.任工程师。正当他准备继续深造，攻读博士学位时，中华人民共和国诞生了。他毅然放弃在美国优越的条件和难得的机遇，于1950年2月怀着满腔激情，踏上了新中国的土地。经教育部介绍，到中国人民解放军大连海军学校任教，并担任船舶辅助机械教研室主任。1954年又转到天津大学任教，历任化工仪表及自动化教研室主任、热工仪表教研室主任、电力及自动化工程系主任、系统工程研究所所长、天津大学管理学院院长等职。

我于1956～1961年在天津大学精密仪器工程系的化工仪表及自动化专业学习，是刘豹先生首届招收的学生。我毕业后多次回校看望老师们并聆听他的教导，前后多次与他有书信来往。2011年5月，我们班级18位同学在毕业50周年返校时最后一次见到刘豹老师，那时他已近90高龄，听力不行了，想不到两年后于2013年7月31日在天津大学逝世，终年91岁。

我在这里列出的是刘豹老师在1974年9月15日写给我的信（附信一），这时学校已经招收工农兵大学生入学，老师们逐步恢复工作。他在信中说："我们都应当在党的路线指导下，有所进步、有所作为、有所贡献。我现在正在做那台射流计算机，在'十一'前已把外装打扮好，上周油漆，今周装，以后就调（试）。（和）当年你们在时搞第一台的情况是不大一样了，（现在）工作人很少，进度没有那样紧，目的也不同了，那时是为展出，这次是送工厂（使用）。"（1959年我们班在刘豹老师指导下研制气动模拟计算机，并去北京参加国庆十周年全国高等教育学校成果展览会）

刘先生写这封信时是51岁，应该是他人生的黄金年代，但那时国外技术资料和技术信息很难收集到，他在信中说"你去年来过，这里的情况你也了解，和外面的联系不太多，但也不能算是完全孤立，因为出门办学需要，一定要到外面去的。究竟向哪儿去，怎么去抓，抓什么，那就大有讲究了。"这些表明了他那时对国家科学技术发展的担忧和焦虑。如他在1988年1月26日信中（信二）说："不然我们炎黄子孙将永无翻身之日。"那时他的精神及身体受到相当损害，他在信中（信一）说"我自己身体也差，在体力好些情况下下班回来翻翻资料，目的在于对付我闲了喜欢看书的习惯,倒不是为了别的。而我涉猎的面还是相当广的——气动、射流、调节方法、理论、自动化、有关数学——此外也喜欢来点科普参考材料,读点史,来点文艺和外文小说……也是够我消受了。"1974年6月,他被允许回上海探望父母,这一阶段他是多么期望国家能振兴,知识分子能发挥自己的才智,报效祖国啊!

  刘豹老师给我的另一封信(信二)是在1988年2月6日写的。他的主要研究方向从1978年开始已经转向系统工程,也访问了美国、德国等一些西方国家的高等学校和研究所,并且已经招收系统工程专业的硕士研究生,并于1984年经过教育部批准成立了系统工程研究所。1988年他已经65岁,到了"耳顺之年",如他在信中(信二)说:"我是愈老愈忙,一直到今天,才算有时间可以还信债。"其实我的信件是1月26日发出的,去掉邮路时间(那时还没快递)到他手里也就不到一周,他身负教学、科研、社会活动等许多重担,如IFAC(国际自动控制联合会系统工程委员会)副主席等,收到信几天没有回,就像是欠了债。他很高兴得知他教导出来的学生们能在各自工作领域做出成绩,如他在信二中说:"你班同学有不少做出了相当成绩",作为老师他很欣慰!他提到的系统工程博士生名单中,纪、何、赵等学生后来成为中、美、法等高校的教授了。

1995年庆祝天津大学(原北洋大学)建校100周年时合影,中立者刘豹先生,他右边向外依次是徐炳华、韩文秀、黄杨文、陈祈、耿亚文、钟霖田、汪德馨,左边向外依次是赵祺民、潘立登、李建安、王正欧、刘宝坤

刘豹先生几十年来始终坚持理论与实践相结合、教育与科研相结合。他治学严谨，思维活跃，善于敏锐洞察学科发展的新动向，紧跟国际学术前沿。20世纪50年代他前瞻到自动控制原理的发展前途，提出建立化工仪表及自动化专业；70年代后期，他从单个自动控制系统看到了社会和国家的能源控制系统、社会经济系统等大系统控制及管理问题，1978年全国科学大会以后，经教育部批准，他创建了天津大学系统工程研究所，这是全国首批从事系统工程研究的专业机构之一；1980年他与全国21位科技界同仁共同发起，创立了中国系统工程学会，并创办中国《系统工程学报》；他与相关项目合作者在能源系统工程方面的研究成果，为制定国家能源系统政策提供了科学依据，为该系统的管理提供了先进的分析方法，多次获得国家、部委和省市级科技进步奖。刘豹先生还多次撰文对中国系统工程的研究内容和发展方向提出新的见解。他的这些工作在中国系统工程学科的发展史上留下了不可磨灭的业绩。他一直在为中国自动控制和系统工程学科的发展而勤奋工作，为之做出了开拓性贡献。由于学术成就，他于1984年被录入《中国科学家辞典》；1990年被录入英国剑桥国际传记中心出版的《澳洲及远东名人录》。

1992年刘豹七十大寿

中立者刘豹先生，左边向外陈国栋、徐炳华、汪德馨，右边黄杨文

正如刘豹先生在给我的信二中表述的："知识分子是事业人，而在生活上则求温饱而已，我们不会去做暴发户，对那些空虚的物质生活从来就不习惯，知识分子大多数不愿意去'吃喝嫖赌'，而只在自己的事业和

理想上,这是人生观决定的,所以,国富民强,要振奋中华,就必须教育,提高文化与科学水平,提高人的质素,人学到一定水平就自然地不会产生或自然排除那些低级趣味,而有了真正的人生价值观。"他的信像是老朋友或兄弟之间的谈话,平直叙事,好像我不是他的学生,而是老朋友。我毕业几十年后,他还惦记关注着他的学生们,希望他们"有所进步、有所作为、有所贡献"。嘱咐他们路过天津时到他家玩,并告知他的具体地址(我们在校时也经常去他家玩,有时还玩麻将),这就是他的师生之道——要求他的学生们做个"有事业心"的人。

他的人生价值观就是:报效祖国,矢志不渝。这是刘豹先生一生的写照,谨以本文纪念他!

附:刘豹先生给徐炳华的信

信一

炳华同志,承蒙你赐信及讲义,以及提供的一些情况和希望,都非常谢谢。我们都应当在党的路线指导下,有所进步、有所作为、有所贡献。我自己应当深深向国内有志之士以及向你们这些正当盛年的同志们学习的。你去年来过(注:我因为去北京参加从法国引进的30万吨大化肥项目谈判返回途中,路过天津时去了学校看望老师和同学),这里的情况你也了解,和外面联系不太多,但也不能算是完全孤立,因为出门办学需要,一定要到外面去的。究竟向那(哪)儿去,怎么去法,抓什么那就大有讲究了。我深信校党委和教研室支部是能够按毛主席的指示去执行的。

我现在正在做那台射流计算机,在"十一"前已把外装打扮好,上周油漆,今周装,以后就调(试)。(和)当年你们在时搞第一台的情况是不太一样了,(现在)工作人很少,进度没有那样紧,目的也不同了,那时是为展出,这次是送工厂——至于能否用上,那是另外一个问题。我们射流组人越来越少了,陈国栋(注:是我们班级留校同学,后因照顾夫妻关系调动去浙江老家工作)即将南调去老家,目前调令已来,看样子几个小问题一定他就要走。龚炳铮、王绍纯、吴满华(注:龚炳铮是留学苏联的副博士,1960年归国到天津大学任教,因照顾夫妻关系调动去北京六机部研究院,王绍纯、吴满华也是因为照顾夫妻关系调动去了北京)都是批准要走的人。在这一组剩下的只有韩文秀、王正欧(注:韩、王两位是1961届留校毕业生）、李光泉（注：1958年天津大学化工机械专业毕业留校任教，1995年任天津大学校长）、贺国光（注：1964年毕业留校任教）和我了，另外还有几个人搞元件及流体力学。自动化的问题只是教学组有人为教学在搞一些，韩建勋①和汪德馨（注：汪是我们班留校毕业生），汪德馨刚参加了一路全国化肥自动化调研组，出差几个月才回来，目前的使用水平及情况做了总结。我自己身体也差，在体力好些情况下，下班回来翻翻资料，目的是在于对付我闲了喜欢看书的习惯，到（倒）不是为了别的。而我涉猎的面还是相当广的——气动、射流、调节方法、理论、自动化、有关数学——此外我也喜欢来点科普参考材料，读点史，来点文艺和外文小说……也是够我消受了。要是我退休后，我单看书的话时间还是不够用的。何况按大夫们的嘱咐，还应当多遛早多运动。

今夏我去了上海一次，是文化大革命后第一次外出，正好南方霉（梅）雨，气闷胸痛，去了三周，躺了快一周，结果好多该去的地方也没有去成。

有机会经过天津来玩，我的地址是六村20楼303号，你单写六村，还好邮递员知道，没有试投，一下就送到。要么干脆不写六村就来个天大，那就由学校直接送发，也能收到。纸已三张，以后再谈。小宝宝（注：我

① 韩建勋那时是讲师，后担任天津大学博士生导师，于2016年去世。他与我都是国内第一套26册《化工自动化丛书》编委会委员，浙江大学周春辉教授任丛书主编——他是很爽快的人，在丛书编写的10多年中，每年的编审会议都能相聚。编委会委员还有化工部自动控制中心站的老同志及浙江大学、华东理工大学、北京化工大学、南开大学、沈阳化工大学、兰州化工厂、上海炼油厂等许多同志。

女儿3岁时跟随我去过母校，拜见过刘先生）好吗？问你全家好！

刘豹
1974.9.15.

信二

炳华：谢谢你88.1.26信，我是愈老愈忙，一直到今天，才算有时间可以还信债。你班同学有不少做出了相当的成绩。在今天开始重视人才的时间，我对你们的"有事业心"的话才有意义。不管过去这"浩劫"，但今后，应该逐步好转，不然，我们炎黄子孙将永无翻身之日。你们班留在我身边，也就是留在系统工程研究所的只有汪德馨和王正欧两人，王正欧正在Pus du（美国普度大学）进修还好。汪德馨则要求

1988年底派他出去（赴国外进修），我这里是论贡献派人（自己的外汇），学校派的人较少，我们这里李光泉（校教务长，很可能出任副校长）、贺国光（1984届）、韩文秀。外面调入的：顾、江长青、郑沛郢、纪远东、何景生（1971届）、赵景云（1971届）都在硕士研究生留下的。都已出去过或正在国外，我们是论功行赏，只剩下汪和高紫光（1962年毕业，他已到系统工程教研室当主任了），他们将以安慰性质1988年底出去一次。你的实际工作单位情况不一样，主要是随工作性质不同而有的，不同的出国出差机会（注：我在信中提及1985年因为设计项目赴欧出国事情）。我们搞合作科研项目组的人出国出差的也有，还有博士出差的，机会在我们所，不是在全校，是比较多的。

  知识分子是事业人，而生活上则求温饱而已，我们不会去做暴发户，对那些空虚的物质生活从来就不习惯，知识分子大多数不愿意去"吃喝嫖赌"，而只在自己的事业和理想上，这是人生观决定的。所以，国富民强，要振奋中华，就必需（须）教育，提高文化与科学水平，提高人的素质。人学到一定水平则就能自然地不会产生或自然排除那些低级趣味，而有了善良的人生价值观。最早听到你孩子的不幸事故，我也为你难过（那是地震时吧，我在上海时钟霖田告诉我的），我上海老家和钟及李志伟家近——听说李志伟已搬家（注：刘豹先生上海老家即其父著名书画大师刘海粟先生纪念馆，在复兴中路）。你班我在1980年后碰到有钟，还有四川纳溪的许金贤，别人有事找我来过信，吴星今年来了一张贺年片，你们也都年迈近50，人生岁月过得很快的，但不必为这过分感伤，这是自然规律，而且50后还是照样可以抓些事的。现在孩子出国，特别是自费出国条件比以前紧多，去美国的名额限得更紧，因为美国的无论自费还是公派回来的只有10%。我很抱歉，去美国没有经济担保人，我大哥（注：是联合国官员）已退休，他已担保了我大女儿。其它人的关系远非达到能担保人的地步，担保人问题，你再设法在别的渠道走走。去美学习不得了，即使能进去，学费也非是半工半读能解决，除非入校就有支（资）助，一般从国内去的，能得到机会少，也许等你孩子毕业，情况好转，因为目前中国人（包括台湾、香港）在美国几乎所有大大小小学校都占满了。

祝你顺利，谢谢来信。

刘豹

88．2．6

作者简介

徐炳华，江苏常州人，1937年生。天津大学1961年工业控制仪表专业毕业，曾留校工作。1964年调到化学工业部第三设计院，任教授级高级工程师，院主管技术工作副总工程师。参与淮南、江西新余、铜陵等化工工程建设，曾担任法国引进安庆合成氨/尿素大型工程，扬子乙烯/齐鲁乙烯特大型工程谈判、出国联合设计、施工管理、试车、开车等工作。获国家和部级优秀设计奖及科技进步奖多项。曾任化工部自控中心站技术委员；《石油化工自动化》《自动化仪表》期刊特约通讯员；发表工程技术论文20多篇；担任《化工自动化》丛书（26册）编委会委员；著有《流体输送设备的自动调节》一书；中国《化工百科全书》撰稿人。

锲而不舍（研究篇）

我经历的仪表可靠性工作（下）

裘履正

（接第四辑）

七、发布《第四号通告》，用行政手段推进行业可靠性工作

从1980年到1985年的6年间，仪器仪表行业的可靠性推广工作虽然取得了可观的成绩，普及了可靠性知识，培训了人员，对国产仪表，特别是国产自动化仪表的可靠性水平情况做了摸底，并开始实施可靠性改进，产品质量有所提高，但仍不能满足用户要求，与进口产品相比还有很大差距。为此，机械工业部考虑通过发布通告（《第四号通告》）的行政手段，首先通过对工业自动化仪表进行可靠性考核来促进产品质量的提高，同时，起到推进整个机械行业可靠性工作的效果[在随后的1986年11月，机械工业部发布了（86）机技函字1701号文《关于加强机电产品可靠性工作的通知》]。

1986年4月7～11日，在苏州召开《对部分自动化仪表产品可靠性指标限期考核座谈会》，60个单位97名代表出席，苏州机械局领导和仪表局汪国华副总到会并讲话，会议讨论了"第四号通告"及其附件草案，提出了修改意见（主要是指标），为考核做了准备。

1986年6月11日，机械工业部发布[86]机仪函字977号《关于对部分自动化仪表限期考核可靠性指标的通告（第四号）》（7月10日《中国机械报》见报）。通告指出，几年来，自动化仪表行业开展了一些可靠性工作，产品可靠性有所提高，但仍不能满足使用要求。为了进一步提高产品可靠性，决定分期分批对自动化仪表产品实行可靠性指标考核。要求考核工作分两个阶段进行，由仪表局统一组织，我所和重庆所负责具体工作，采用试验室试验和现场数据统计两种考核方式，并于1988年底前完成。

为了贯彻机械工业部《第四号通告》，于1986年7月10～23日，在天津举办了仪表系统《仪器仪表可靠性技术讲习研讨会》，由机械工业部仪表局刘西凌主持，仪表

局汪国华副总、科技司潘兆庆副处长、质量司闫育镇等到会并讲话，全国6个仪表公司、34个被考核企业、5个研究所共59个单位、146人出席听课。上海工业自动化仪表研究所（下简称"上仪所"）可靠性专业组人马几乎全体出动，负责这次宣讲活动。

为检查贯彻执行机械工业部《第四号通告》情况，仪表局于1987年11月21～24日在苏州召开了《仪器仪表可靠性考核工作经验交流会》，乔世昆副局长到会并讲话，汪国华副总工程师主持会议并做总结报告。参加会议的有4个省、市主管单位、72个被考核企业和12个仪器仪表行业研究所及大专院校等99个单位144名代表。这是仪器仪表行业规模最大的一次可靠性工作会议。会议充分肯定贯彻《第四号通告》带动了仪器仪表可靠性工作，促进了产品改进设计、改进工艺，提高了企业管理水平。

自1986年发布《第四号通告》，第一批20种自动化仪表进行可靠性考核后，带动了整个机电行业的可靠性工作。到1991年2月，机电科（1991）191号文发布第六批考核产品清单，共有900种产品列入考核计划，到1990年底已经316种产品考核达到可靠性指标。

八、培养仪表行业可靠性技术和管理人才

1. 编写教材，组织讲座和学习班

1981年6月底，在上海召开了国家仪器仪表总局第一次可靠性工作小组（属临时性工作组）会议，朱良漪、缪鸿祥、刘西凌与上仪所刘建侯、黎惠霖和我一起讨论了行业里开展可靠性工作的具体事宜，会上责成上仪所于11月中旬在上海举办一期"可靠性试验学习班"。

为此，我们组织全室力量抓紧编写了60余万字的《仪表可靠性设计、试验与评定》教材，由吴钦炜所长撰写绪论，许陇云、刘建侯、黎惠霖、我和郑家模、程国钧、吴洁敏参加编写。1981年11月20日～12月19日，在上海开办了国家仪器仪表工业总局可靠性试验学习讨论会，参加学习讨论会的50多位学员，后来成为仪器仪表行业可靠性工作的种子和骨干，仪器仪表行业的可靠性工作从此铺了开来。

为了在原来编写的《仪表可靠性设计、试验与评定》教材基础上，写一本比较正规的可靠性书籍，适合做教材，也适合自学，仪表局质量处安排上仪所编写了《可靠性基础及其应用》一书，1985年3月由机械

1981年参加首届可靠性学习班的师生合影

工业部仪器仪表工业局出版。

由于"七五"攻关课题把可靠性指标列为鉴定指标，上海机械学院和哈尔滨科学技术大学受机械电子工业部委托，在"七五"期间承担了可靠性人才快速培训任务。两所院校与研究所、企业合作，5年里举办了各种学习班近40期，培训"七五"攻关科技人员450名，其他技术人员1100多名。

2. 培养研究生和指导毕业论文

1981年，上仪所接受了天津大学硕士学位研究生王化祥毕业论文的试验研究工作，一道开展了波纹管弹性元件的可靠性寿命试验。现在，王化祥已是天津大学的教授、博士生导师。

从1982年开始，上仪所着手培养行业里的可靠性高级研究人才。1982年，上仪所吴钦炜所长招收的首位仪表专业可靠性研究生陆友文来报到，他不仅是国内第一位专修仪表可靠性的研究生，也是上仪所招收的第一位研究生。他在上海机械学院学习理论课程，再到上仪所做毕业论文，论文题目为《计算机过程控制系统FMECA和FTA》，选择了上海益民食品四厂的带微型计算机的实时多任务生产过程控制系统，采用失效模式、效应和后果分析（FMECA）和失效树分析（FTA）的方法，进行系统可靠性研究，论文获得了上海交通大学、天津大学等专家好评。

1983年又招收了研究生朱宗林，导师由吴钦炜、秦永烈担任，我和许陇云参加指导，毕业论文为《决策表直接法系统分析与化工精馏系统可靠性评定》，1985年12月毕业。1985年招收研究生郑士隽，导师吴钦炜，黎惠霖参加指导，毕业论文为《Monte Carlo法及其在漂移设计中的应用研究》，1988年2月毕业。1986年招收研究生陈健，导师吴钦炜，刘建侯参加指导，毕业论文为《可靠性增长模型的研究及其应用》，1989年1月毕业（同时参加论文答辩并毕业的还有仪表局的王嵋）。他们都是先在上海机械学院进行两年的理论学习后，再到上仪所来做论文。1988年，以我为指导教师招收了浙江大学应届毕业生谢亚莲，由我和上海机械学院秦永烈教授共同指导，硕士毕业论文的题目是《仪表性能漂移的可靠性分析与评估》，于1991年2月毕业。

受机械电子工业部仪器仪表司委托，1986～1992年间，在上海机械学院工业自动化仪表教研室秦永烈教授组织下，举办过两期"仪器仪表可靠性工程硕士研究生课程进修班"，学员都来自仪表行业，入学时大部分已是可靠性工作的业务骨干。一期23人，二期13人，其中不少学员按照国家关于取得硕士研究生学位的程序，通过研究生入学统一考试和论文答辩，取得了硕士学位，上仪所范兴平（导师为秦永烈和我，毕业论文为《软件-硬件联合系统的可靠性研究》，1991年毕业）就是其中一位。

九、出国考察质量保证和可靠性技术

1. 赴罗马尼亚考察

1986年9月4～21日，在国家科委和中国驻罗马尼亚使馆经济商务参赞处的积极安排下，由我为组长，天津大学林青教授和机械工业部仪表局质量处刘西凌工程师为组员，一行3人的"机械工业部仪表可靠性考察组"访问了罗马尼亚，受到以布加勒斯特国家计量院可靠性与计算机应用处主任维纳（Dr. U. Wiener）博士为首的同行们热情接待。在两周的访问期间，与计量院的技术人员座谈交流了计量仪表可靠性理论研究、试验设施和方法、产品质量评价和指导工厂实施可靠性计划等情况，访问了布加勒斯特精密机械厂、电工研究所（ICPE）及在蒂米士阿拉市的电工测量仪表厂（AEM，TIMISOARA），会见了罗马尼亚教育部高教司司长Vasile Catuneanu博士和布加勒斯特工学院电子系 Florin Popentiu 博士。

1987年11月5日，维纳（Dr. U. Wiener）博士来华回访，11月6～12日在上仪所、上海机械学院和大华仪表厂参观讲课，16日在北京介绍罗马尼亚、东欧、苏联有关可靠性管理工作，并讨论下一步合作。

2. 赴美国考察

1990年7月13日～8月6日，以机械电子工业部副总工程师郭志坚为团长，科技司处长潘兆庆为副团长，朱良漪为高级顾问，仪表司蒋宝华、机床工具工业司薛恒明和我为团员，一行6人组成"机械电子工业部产品可靠性与质量保证考察团"赴美国考察，走访了美国14家公司（包括 Rosemount，MTS System，Westinghouse，Perkin-Elmer，Foxboro，Modicon，Keystone，Leeds & Northrup，Varian，Hewlett-Packard，Finnigan 等）及美国国家标准与工艺研究院（NIST）和UL试验室（Underwriters Laboratories），了解了美国企业开展质量保证和应用可靠性技术的情况及发展动向。

1990年赴美考察团成员

美国工业企业普遍感受到来自日本、欧共体在产品质量竞争方面的压力，贯彻质量保证体系已经从企业自发阶段进入到政府推动与企业主动相结合的新阶段，都在争取通过ISO 9000（这在当时美国很时髦）；在产品功能设计的同时，进行可靠性和维修性设计；严格检验控制配套件质量；强调与协作企业的 Teamwork（团队精神）。考察中，给我们留下深刻印象的是：视质量为企业生命，以贯彻ISO 9000标准为抓企业质量保证的主线，可靠性技术渗透到质量工作的各个方面。我们回国后，在北京写考察总结，并分别向机械电子工业部陆燕逊副部长、仪表司陈杏蒲副司长、马少梅总工程师汇报了考察情况。在向机械电子工业部领导汇报时，提出了我部应尽快启动ISO 9000认证工作，以实现国际接轨的建议。

3. 赴日本考察

1991年6月11～24日，由孙惠琴（机械工业部可靠性中心主任）为团长，有仪表行业张兴仁（重庆工业自动化仪表研究所）、王天荣（哈尔滨工业大学）、姚树琪（杭州照相机械研究所）和上仪所刘建侯参加的"机电部产品可靠性、维修性赴日考察团"，出席了日本科技联盟（JUSE）第21届可靠性、维修性学术讨论会，并参观了横河电机株式会社、日立公司、日本农业机械化研究所、奥林帕斯公司照相机厂等7个单位，还与科技联盟的可靠性专家举行了3次座谈。

十、可靠性和环境适应性技术学术与行业活动

1. 参与国家标准委员会活动

为了更好地了解国际、国内在可靠性和环境技术标准化方面的信息，并在本技术领域的标准化方面能有我们仪表行业的话语权，我们积极参与了国家标准委员会的工作和活动。国家标准总局于1980年5月在北京成立全国电工电子环境条件和环境试验标准化技术委员会时，我作为仪表行业的代表出席了成立会议，并成为第一届委员。该委员会由一机部、三机部、四机部、六机部、邮电、交通、铁道、电力、化工和国家仪器仪表工业总局等部局派出代表共32名委员组成。我担任了该标委会两届委员，从第三届起，由我室程国钧出任委员。1983年成立全国电工电子产品可靠性与维修性标准化技术委员会时，我又以仪表行业代表的身份成为该委员会委员，并从第一届连任至第四届。全国防爆电气设备标准化技术委员会由我室胡富民代表仪表行业出任委员。

2. 组织和参加学术、学会活动

1980年7月11～17日，中国仪器仪表学会与杭州市仪器仪表学会联合在杭州举办了第一届仪表可靠性学术交流讨论会，国家仪表总局缪鸿祥、杭州电子仪表局吴天益、浙江大学谭祖根、天津大学林青、上海机械学院秦永烈、中国仪器仪表学会石尚平、四机部五所裘新，以及上仪所徐纯九、陆嘉等出席，宣读和交流了22篇论文和综合性技术报告，与会代表来自64个单位91人。

1983年11月6～10日，在常州组织召开了第二届仪表可靠性学术交流讨论会，航天部周源泉、天津大学林青等行业外可靠性专家出席，宣读和交流了54篇论文，与会代表跟第一届相比增至103个单位133人。

1989年12月3～5日，在桂林召开中国仪器仪表学会可靠性工程学会（后改称分会）、中国机械工程学会可靠性专业学会仪器仪表专业委员会成立大会暨可靠性学术年会，会议产生由27人组成的理事会，陈杏蒲为理事长，马林、林辉渝为副理事长，我任秘书长，并聘请郭志坚和吴钦炜为学会顾问，理事有于恩涛、马文富、王嵋、王天荣、王文忠、朱宗林、刘西凌、刘泽华、刘建侯、周永基、周源泉、孙惠琴、汪国华、林青、张兴仁、孟鸿勋、陈宗锡、赵成喜、徐德平、栾秉海、秦永烈、盛传录、蒋宝华，秘书：冯瑶、范兴平，理事会挂靠上仪所。上仪所范建文所长到会讲话，并宣布设立SIPAI可靠性奖。至1991年底，有团体会员41个单位。

1998年11月12日，在杭州召开'98工业仪表与自动化学术会议期间，组建了中国仪器仪表学会可靠性分会第二届理事会，我任理事长，朱明凯为名誉理事长，朱宗林为常务副理事长，方伟忠、居滋培为副理事长，秘书长为郑国娟，共有理事23人，秘书：冯瑶、李佳嘉。

3. 参与主办和承办国际年会

随着国内可靠性工程技术和理论发展，可靠性工作者们越来越感到在国内需要有一个国际学术交流平台。为此，1991年，由中国航空学会牵头，中国航空学会、中国现场统计研究会、中国宇航学会、中国电子学会、中国机械工程学会、中国仪器仪表学会等6个学会协商，联合发起举办可靠性国际年会。1992年10月12～14日，由上述6个学会主办，中国航空学会承办，在北京召开了第一届国际可靠性、维修性、安全性会议（ICRMS'92）。从第二届年会起，主办单位增加了中国兵工学会。1994年6月7～10日，由7个学会主办，在北京由中国现场统计研究会承办了第二届会议（ICRMS'94）；1996年11月10～16日，在广州由中国电子学会承办了第三届会议（ICRMS'96）；1999年5月26～30日，在上海由中国机械工程学会承办了第四届会议（ICRMS'99）。

第四届会议结束后，轮到中国仪器仪表学会承办。上仪所作为中国仪器仪表学会可靠性分会的挂靠和秘书单位，成立了第五届会议秘书处，启动了筹备工作，筹委会由主任吴幼华、我（副主任）、秘书长郑国娟、副秘书长徐运忠、秘书李佳嘉、刘建侯、倪正人、谢亚莲组成。2000年4月7日，中国仪器仪表学会可靠性工程分会理事长工作会议在上仪所举行，专题讨论ICRMS'2001会议有关事项，决定会议在大连召开。2000年6月9日，在北京召开由七大学会参加的第一次筹备会议，会议决定增加中国通信学会为发起单位。2001年8月26～31日，由8个学会主办，仪表学会承办，上仪所和大连仪表集团协办的第五届国际可靠性、维修性、安全性会议（ICRMS'2001）在大连成功举办，大会主题为"可信性——信息时代的支撑"，大会名誉主席王大珩，大会主席金国藩，陆廷杰和张继培为主席团成员，程序委员会主任屠庆慈，我是副主任；组织委员会主任吴幼华，副主任额田启三（日本）、王金（英国）；徐建平为秘书长。收到包括中国在内的30个国家和地区共253篇论文，录用并编入会议论文集169篇，这是历届会议以来收到论文数最多、参与的国家和地区最广的一届，出席会议的论文作者和代表有来自27个国家和地区的220多人。

4. 邀请专家讲座和报告

1982年11月29日～12月1日，由上仪所组织，邀请日本山武-霍尼韦尔公司质量保证部部长堤泰彦一行来沪举办了可靠性讲座。

1991年10月15～19日，中国仪器仪表学会可靠性工程分会受机械电子工业部委托，在上海举办了日本可靠性与安全性技术讲座，邀请日本可靠性专家额田启三和小野寺胜重主讲。他们随后还到无锡讲课、参观。

5. 出版刊物与组织撰稿

为了加强仪器仪表行业的可靠性信息交流，报道可靠性工作和活动情况，由机械电子工业部仪器仪表可靠性技术中心和中国仪器仪表学会可靠性工程分会共同创办刊物《仪器仪表可靠性信息》（见图），从1991年至1997年出版了7期。

作者简介

裘履正，1941年2月出生，1966年2月毕业于北京钢铁学院（现北京科技大学）金属物理专业，在上海工业自动化仪表研究所长期从事仪器仪表可靠性工程、环境技术和质量管理等研究工作，历任可靠性与环境试验研究室副主任、主任和上仪所副所长等职，教授级高级工程师，享受国务院政府特殊津贴，1995年获中国机械工业科技专家称号。

尘封往事：中国军工助力国产离子色谱仪起航
——访三位中国离子色谱老专家

王明

导读 1983年，我国第一台国产离子色谱仪诞生，从此打破了国外企业对中国市场的完全垄断。在那个国家外汇稀缺、酸雨严重、粮食歉收的艰苦岁月里，由三位工程师及其团队排除万难研发出来的离子色谱仪，在水质检测等众多民用和军工领域立下了汗马功劳。现在他们都已经年过古稀，带着一份感恩和崇敬，仪器信息网采访了三位离子色谱老专家，为大家打开那一段尘封已久的往事。

苏程远（左）、刘开禄（中）、赵云麒（右）

苏程远，曾用名苏文远，1937年10月出生，吉林九台人。1958年毕业于北京铁道学院（现北京交通大学）自动控制远程控制及通信专业。曾就职于呼和浩特铁路局科学技术研究所、青岛崂山电子仪器实验所、青岛科学仪器厂、中国水产科学研究院黄海水产研究所，获得国家科技进步奖两次，青岛市科学技术进步奖一次，参与起草离子色谱仪国家计量鉴定规程，1997年退休。

刘开禄，曾用名刘开录，1938年10月出生，重庆人。1959年毕业于四川大学化学系。就职于核工业北京化工冶金研究院，获国家级科技进步奖一次，国防科工委、核工业成果奖七次，获得国务院有突出贡献专家津贴，1998年退休。

赵云麒，1942年12月出生，天津人。1964年毕业于中国科学技术大学近代化学系。曾任职于中国科学院大连化学物理研究所仪器设备研究室、核工业北京化工冶金研究院，获得国家科技进步奖一次，部级科技进步奖两次，青岛市科学技术进步奖一次，1998年退休。

一、国产离子色谱分离技术源自原子弹的铀工业

1951年6月15日，杨承宗通过了约里奥·居里夫人主持的博士论文《离子交换分离放射性元素的研究》答辩，一周之后，杨承宗收到钱三强从北京发来的电报，希望他早日回国工作。同年秋天，他回到祖国，钱三强所长请他担任中国科学院近代物理研究所（中科院原子能所）第二研究大组的主任。刘开禄1959年从四川大学化学系毕业后，分配到中科院原子能所五室，在杨先生的领导下开展铀化学的研究。

1960年，苏联毁约停援，撤走全部专家。刘开禄随杨先生调到二机部五所从事铀化学研究的工作。满足原子弹爆炸的当量核原料需要从含铀万分之几的铀矿石中提取高纯铀，高纯铀中杂质的含量要求在0.1ppm❶以下，用于核裂变的铀235仅占天然铀的0.7%，其余99.3%为铀238。一条生产可裂变元素的途径是：在生产反应堆中，由天然铀的铀235裂变产生中子，被铀238吸收，经过一个β衰变变成钚239，再用化学方法分离，就可以比较容易地从照射后的铀棒中提取纯的钚239。钚239是可裂变物质，苏联的第一颗原子弹就是用钚239作燃料。

杨先生让刘开禄所在课题组研究铀、钚分离新技术，因为反应堆中的铀放射性非常强，当时的防辐射条件要求非常高，刘开禄查阅了很多文献，设计出一种特殊的分离铀、钚和裂变产物的方法。与传统的方法相比，该方法可以使实验人员远离放射源，被称之为"无机反相层析法"。杨先生赞许了刘开禄的新思路，同时指出铀、钚分离在工业上最好的实施方法为萃取、还原。无机反相层析法很有前景，可先在分析化学上应用，再推广到小型制备分离，然后再考虑工业化大生产。他还向刘开禄介绍了他的博士论文中的主要工作之一，即用离子交换色谱分离锕系元素，叮嘱刘开禄要关注离子交换色谱。由杨先生推荐，1962年，刘开禄的论文《无机反相色谱层析法》在《化学通报》发表，后陆续被民主德国化学会翻译成德文发表，英国一家杂志社翻译成英文发表。

---

❶ 1ppm=10^{-6}。

这种方法也在分析裂变级高浓缩铀235中的硼、铬、稀土元素等杂质中得到应用，节约了众星捧月般的核爆燃料高浓缩铀235。这些成功无疑给刘开禄带来极大的鼓舞，第一次有了将无机色谱仪器化的想法。

1978年，二机部五所采购了一台高效液相色谱仪。刘开禄查阅了很多相关资料，无意中找到H.Small等在1975年 *Anal. Chem* 发表的《应用电导检测器的离子交换色谱法》的论文，他如获至宝，没想到色谱分析无机离子竟然如此简单地被解决了。随后，刘开禄利用合成苯乙烯-二乙烯基苯型色谱填料的功底和经验，研发了首根阴离子分离柱，他的夫人袁斯鸣也进行了阴离子交换树脂及阳离子交换树脂色谱填料的合成工作，后来它们被用在国防科工委某基地的核爆裂变产物的富集和分析上。在此基础上，刘开禄经过上百次实验，研制成了YSA-2型高效薄层阴离子交换树脂，并填装高效阴离子分离柱，再利用袁斯鸣提供的YS-2型阳离子交换树脂，制成抑制柱，利用原有的高效液相色谱仪的泵和进样阀，又采购了一台上海第二分析仪器厂的DDS-11A型电导仪，自制了简易电导检测器（包含零位调节器和毛细管电导池），组装成了离子交换色谱装置。

当时铀矿厂在进行季铵萃取新工艺的过程中，发现了萃取剂"中毒"的现象，分析室认为浸出液中含有硝酸根使其"中毒"。刘开禄用这台离子交换色谱装置定量分析出浸出液主要含有氯离子和硫酸根离子，无硝酸根离子，解决了这一争论。工业室重新制定了再生方法，使季铵萃取工艺顺利投产。

二、应对环境污染首台国产离子色谱仪在嘲讽中诞生

1981年秋天，刘开禄在天津举办的多国仪器展览会中第一次见到了戴安公司的Dionex14型离子色谱仪，该仪器可以很好地解决当时我国急需的微量多组分阴离子分析问题，引起了众多参观者的极大兴趣。但是，该公司一位美籍华人经理傲慢的一句话刺痛了他的心，"这是陶氏化学公司科学家的最新成就，你们几十年内不会搞出来的。"当时刘开禄的离子交换色谱装置可以测两个峰，而Dionex14离子色谱仪可以测七个峰。他那时候才知道H.Small的发明已经仪器化，并命名为离子色谱仪。他埋头图书馆查了一周文献，慢慢地，将实验室装置全面商品化成离子色谱仪的方案在脑中形成，后来他把想法汇报给了他的老师杨承宗，杨先生非常高兴，并让他为全面商品化准备各种零件和器材。

那个时候，我们国家酸雨污染非常严重，因为家家户户取暖做饭都烧蜂窝煤，几个产粮大省连续几年都歉收，最后都上报到了国务院。北京环境保护检测中心主任吴鹏鸣上交了一份报告，要求买100台戴安的色谱仪来测定酸雨成分。当时一台戴安离子色谱仪售价为4万美元，而我国的外汇很紧张，乒乓球运动员出国只能带20美元。最终国务院只批准购买了四台，其中国家环境科学院一台，上海两台。在一次无锡的环保会议上，吴鹏鸣邀请刘开禄做了国产离子色谱仪的报告，引起了极大的反响，北京矿产地质研究院分析测试研究室的高级工程师蒋仁依当天就跑到刘开禄的房间里告诉他，"只要你做出来，我给你推广。"在吴鹏鸣的大力推荐下，核工业北京第五研究所总工程师董灵英为刘开禄在所里争取经费，一共申请到了2万元，开始研制离子色谱仪。"刚开始平流泵花了4000多元，阀门又是1000多元，资金还是非常紧缺。"在十分艰苦的条件下，刘开禄不断改进填料，使装有YSA-2型高效薄层阴离子交换树脂填料的分离柱能分离分析七个阴离子，使其分析指标达到Dionex14的分析水平。研制国产离子色谱仪的条件已经完全具备，刘开禄邀请赵云麒参加研制工作。赵云麒设计了可产品化的电导池，并且在两人通力合作下，制成了完全国产化的ZIC-1型离子色谱仪离子色谱仪样机，共三台。1983年6月30日，经过鉴定会专家组的评审，一致认为该仪器为国内首次研制成功，它所配备的YSP-2型阴离子色谱柱的柱效率、灵敏度、使用寿命等主要技术指标均达到国外同类产品的水平，同意小批量生产。

1983年8月，刘开禄和赵云麒去青岛崂山电子仪器实验所进行ZIC-1型离子色谱仪的生产试制，在实验所的工程师周中柱、苏程远、庆永顺等人共同努力下，10月份生产出三台ZIC-1型离子色谱仪，并在当年投入市场，填补了国家空白。后来ZIC-1型离子色谱仪被国家环保局认定为酸雨检测规程的示范仪器，一下打开了环境保护分析仪器的市场，总共生产销售了近100台。

1985年6月，随着苏程远被调入青岛晶体管厂，赵云麒和刘开禄又转移到青岛晶体管厂开始ZIC-2型离子色谱仪研发，主要工作是研究基于刘开禄提出的双模式理论和适用于阳离子分析的"五极电导检测"电路。当时并不像现在一样模仿很盛行，而且即使想仿造戴安的仪器也不太可能。进口仪器买不起，就算有人买回来，也不可能拆开让人看。1986年，中国科学院生态环境研究中心博士生导师牟世芬研究员和刘开禄编著出

鉴定会主任：国家海洋局局长陈国珍教授（前排左6）；副主任：兰州大学丘陵教授（前排左5），核工业六所总工程师沈言谆（前排左4），北京环境监测中心高级工程师陈禹芳（前排左8）；鉴定会委员：核工业北京化工冶金研究院副院长董灵英教授（前排左2）、朱长恩教授（二排左5）、殷晋尧教授（二排左7）、国防科工委吕参谋（前排右2）、核工业北京化工冶金研究院科技局成果处处长肖兴寿教授（前排右3）、核工业部矿冶局科技处处长陈煋宇教授（前排左1）、核工业北京化工冶金研究院院长张镛（前排右1）、刘开禄（三排左1）、赵云麒（三排左6）、蒋仁依（二排左1）

版了《离子色谱》，书中指出研制离子色谱仪核心的问题之一，就是要研制出性能好的电导检测器。苏程远和赵云麒根据书中关于四极电导检测器的原理方框图进行了五极电导检测器的研究。那个时候特别困难，青岛晶体管厂生产的产品晶体管卖不出去。厂房边有一栋以前苏联人建的别墅，苏程远和赵云麒就在里面做实验，房子是挺好的，但伙食太差，饿了吃方便面，后来吃不起了就改吃挂面。整个实验过程中，他们一直盯着噪声和基线漂移的变化，并不断地设法改进，累了就在椅子上睡觉，苏程远为此白了不少头发。最后实验成功是在1986年2月8日（农历腊月三十）的下午5时，基线走成了。两人兴奋了一个除夕夜晚。ZIC-2型和ZIC-1型的最大区别就是电导检测电路不同，1型为二极电导检测器，2型为五极电导检测器，性能更优良。刘开禄及其团队对新型电导检测器进行了测试和运用研究，同时对袁斯鸣研发的YSC阳离子色谱分离柱进行分离实验，验证了双模式离子色谱理论，为ZIC-2型提供了技术支持。1987年12月22日，ZIC-2型离子色谱仪通过了同样高规格的专家鉴定并投产，青岛晶体管厂因此改名为"青岛科学仪器厂"（刘开禄老师起的名字），ZIC-2型离子色谱仪和分离柱后来成为该厂的支柱产品。

后记

目前国产离子色谱仪的售价在10万元以上，进口离子色谱仪的售价在40万元～150万元，国内市场总量每年约3000台，国内厂商大约占有20%的市场份额，远远落后于国外厂商。而如果没有国家重大科学仪器设备开发专项的支持，国产厂商的发展可能更加艰难。就技术方面而言，离子色谱柱是目前国产离子色谱技术最薄弱的环节，虽然早期核工业北京化工冶金研究院和中科院生态环境研究中心有少量生产，但后来没有进行持续的研发。离子色谱柱和各种填料在实验过程产生的粉尘污染和使用的挥发性化学试剂对人体危害非常大。

2012年，刘开禄因为身体原因停止了研究工作。其夫人袁斯鸣从20世纪80年代初就开始为全国离子色谱厂家和用户提供离子色谱柱和各种填料，一直到2008年，也是因为身体原因才离开实验室。1986年苏程远和赵云麒研发成功的五极电导检测器一直沿用到现在。专注应用开发的蒋仁侬今年年初已去世。我们期待国产离子色谱仪的继任者能再续传奇。

作者简介

王明，1988年出生，陕西商洛人。2010年毕业于西安理工大学材料化学专业。现在仪器信息网工作。

零落成泥碾作尘
——撰写《控制工程中的电磁兼容》一书的感悟

徐义亨

撰写完《控制工程中的电磁兼容》一书并交付出版后,蕴含在书中的相关旧事飘然而至,它像一朵慢慢聚集起来的浮云挡在了我的面前,轻易绕不过去,毕竟书中所涉及的全部内容是笔者退休后、长达14年之久于中控集团所从事的工作。

人过古稀,原本意味着人生从秋日开始步入寒冬,每到深秋,梧桐树上的叶片纵然还会呈现一片金黄,那只是掩盖生命的伤痕并展示着对往事的依恋,而黄叶终究要凋零,"零落成泥碾作尘",能否在步入生命的晚年,将一片黄叶溶入大地,成为滋养其他生命的养料,呈现出人生的最后价值?于是我决定撰写《控制工程中的电磁兼容》一书,以总结在夕阳岁月里积累起来的点滴。

在我退休前的38年职业生涯里,纵然也担任过诸如主任之类的技术管理工作,但深知自己的兴趣和能力,不是一块走仕途的料,更无意去攀附,故从未离开过具体的技术工作。我历来的正业,即靠它领工资养家糊口的工作是自动化工程,期间撰写过不少论文,也出过专著。退休后,当我的老师、浙江大学李海青教授将我引荐给中控集团(下简称"中控")时,面临一个让我思考的问题:我能为中控做些什么?

一个偶然的机会,听一位从事售后服务的年轻人说,公司生产的DCS每逢雷雨季节总有数十家用户遭雷击而损坏。我问是什么原因?事后又如何处理?这位年轻人告诉我,还没人去做过深入的调查研究,弄不清楚是否是产品质量的缘故。于是,我开始思索工业控制系统的雷电防护这一命题,这是我以前知之甚少、未曾涉及的一项技术。在没有充分了解前,按我历来的习惯,先默默地去查阅文献资料。

我首先读了由王时煦先生等编写的《建筑物防雷设计》。王先生是我国电气工程界的前辈元老,建国十周年在首都新建的人民大会堂,其接地系统就是在他的主持下完成的,这是世界上第一个利用法拉第笼的等电位原理设计的共用接地系统。之后,我又查阅了由英国R.H.Golde主编的《雷电》

一书，该书是国际上一本著名的经典著作，参编者多是世界上在此方面颇有名声的科学家。

然而，让我感到不满足的是，这些著作的主要内容仅论及建筑物和构筑物的防雷，没有涉及包括控制系统在内的电子信息系统的雷电防护。金建祥老师曾向我推荐诸邦田的《电子电路实用抗干扰技术》一书，虽然此书讨论的是电子电路的抗干扰技术，但其理念和雷电电磁脉冲对控制系统的电磁耦合是相通的，从而让我入门了解了雷电对控制系统的侵害途经。

我在查阅大量资料时发现，国内的防雷工程界有其他领域内鲜见的两个现象。

其一，是为某一个问题或某一个雷击案例，争论的气氛很浓，争论双方的语言用词也很尖锐，几乎是唇枪舌剑。此时，作为泰斗级人物的王时煦先生在鼓励争鸣的同时也奉劝大家不要因此而伤和气。而作为国内一部具有权威性标准的《建筑物防雷设计规范》的起草人林维勇先生似乎不大参与争论。我素来认为：社会科学的评论常因时代的变迁而异，而自然科学技术的结论往往是集中的、甚至是唯一的。防雷工程界的争鸣，让我意识到雷电的防护技术还没有走到自由王国的地步。

其二，是发现国内许多涉及防雷标准的条文规定大多以国际电工学会（IEC）的标准为依据或直接等同采用，少有通过自己的试验研究或调查去制定。早在17世纪初，科学界就强调实验是任何科学命题唯一而有效的证明，这是近代科学技术的基本柱石。然而，在雷电防护这一领域，要用实验去证明是何其难啊！譬如，由于目前我们还无法在实验室里模拟出带电云层的生成，于是世界上有关带电云层生成机理的假说就有许多种。诚如爱因斯坦所说：不论有多少次实验，都不可能证明一个理论是对的；但只需要一个实验，就可以证明这个理论是错的。

于是，我常随售后服务人员去那些遭受过雷击的控制装置上进行实地的调查与研究，以验证我从前人那里获得的以及在文献资料上所查看到的知识，对那些疑难杂题不轻易认为已把问题"彻底整明白"了。我采用类比的方法进行观察，在同样地点遭受雷电接闪的情况下，为什么有的设备被损坏，而有的设备却安然无恙。将已掌握的知识和实际发生的雷击事件相互印证，自无贡献可言，可在重新发现之际，依然有创作时的快乐。快乐之余，更重要的是让我知晓：电子式控制系统的雷电防护不可能完全依赖控制系统本体的抗扰度，必须要在工程上采取诸如接地、等电位连接、屏蔽、隔离、滤波等合理的措施。

2004年初夏，上海某大型石化企业许多装置的控制系统屡遭雷击而损坏，导致多个工艺装置停车，经济损失十分严重。当他们在刊物上看到中控在此方面已有积累，就邀请我们去帮助他们解决。

笔者是从计划经济年代过来的人，遥想那个时候，只要有一张单位介绍信就可以方便地去其他单位了解欲知道的技术（但去保密单位，还要附带人事材料以证明自己不是另类）。如今是市场经济，这种方便已成为不可理喻的天方夜谭。现在人家主动找上门来，让我们能到他地进行调研，这无疑是一种信任，更是一次难得的机会，因为我们自己还需深入探索。于是一破常规，没有签订商务合同，一行人员完全以"志愿者"的身份奔赴现场，为该厂数个遭雷击的装置进行了案例分析和风险评估，帮助别人解决了疑难，从而也充实提高了自己。多年后，我再次遇到该企业的仪表负责人时，他告诉我，自从按照我们提出的建议方案进行整改后，再也没有发生过控制系统因雷击而损坏的事故。

该企业遭雷击而损坏的控制系统全部是从国外引进的，从而证明：即便世界上一流的产品，如工程上不采取合理的措施，在严酷的雷击情况下，一样无奈，从而否定了"国产设备因性能差而导致雷击损坏"的错误论点。

但要用我们源自于实践所得到的经验和观点让一些企业主和工程设计人员理解接受并非易事。笔者曾经遇到一家工厂的老总，当我向他指出贵厂的控制系统在雷电防护方面还存在着许多隐患需要改造时，他似乎不屑一顾，根本不愿听我的分析与解释，并对我说："我们需要的是全天候的、什么样的雷打下来都不会损坏的控制系统。"面对这位老总，真让一介书生的我有"秀才遇到兵，有理说不清"的感触。

又有一次，我受邀去参加由某企业主持并有设计方代表参加的工程设计审查会，会上当我指出在雷电防护设计上存在着一些问题时，当场就遭到设计方代表的反驳，态度甚傲，场面很尴尬。好在我年岁已高，尚能克制自己的情绪，也自知应私下交流，不该在众人面前让设计方为难。3个月后，在第二次设计审查会上再度与这位设计人员相逢时，他坦诚告诉我，已按我的意见对原设计进行了修改。

2005年，中国自动化学会分别在北京和上海举办过两次有关控制系统雷电防护的学术交流会，我代表中控在会上作了《从DCS遭雷击的案例分析到防患于未然》的报告，参加交流会的人数很多，不少还是我刚步入工程界指导过我的前辈元老，盛况空前。这表明，随着控制系统集成化程度与对雷击敏感度水平同步提高，雷击电磁脉冲对控制系统的危害日趋严重，成了雷电防护技术中一个急需解决的课题，从而引起了广大工程技术人员的关注。

按照《IEC 61000-4-1：2000》标准的分类，雷电电磁脉冲仅是电磁干扰中的一种，还有静电和群脉冲等总共28项之多。于是，我又在静电、群脉冲、射频电磁干扰等诸多方面作深入的调查和研究。

"知识就是力量"，这句源于培根的名言是科技工作者三百年来的口头禅。而如今流行的却是"时间就是金钱，效率就是生命"，人们强调的是经济效益。就《控制工程中的电磁兼容》一书所涉及的内容，它只是一门工程技术，难于像实体产品那样可以急功近利般地为企业创造出很大的经济效益，故许多企业不愿在此方面投入过多，相关的知识知之甚少，重视的程度当然也就十分淡薄了。再则，包括雷击在内的电磁干扰现象毕竟是低概率事件，抱有侥幸心理的人不在少数，直至遭到重大的雷击或电磁干扰事故后，方才想到问题的严重性，体会到电磁兼容技术所蕴含的力量。

1881年，英国科学家希维赛德（Heavislde）发表了"论干扰"的论文，这是首开电磁干扰问题研究之先河。20世纪30年代，在巴黎成立了国际无线电干扰特别委员会（CISPR），开始对电磁干扰问题进行国际性、有组织的研究。1989年，欧共体颁布了"关于协调成员国有关电磁兼容法律的理事会指令"，将电磁兼容作为共同的防护目标。这一指令于1992年被德国转成法律"设备电磁兼容法"，1995年德国又对此进行了修订，并规定：若违反电磁兼容法将被视作犯罪。

世界上的许多事件，其深层次的基本单元和基本规律并不复杂，任何的电磁干扰现象都可以用一些物理的基础概念来解释，这就是所谓的"天道崇简"。然而，就一个"简"字，却需要多少人、多少年的探索和提炼。譬如，《控制工程中的电磁兼容》在讨论带屏蔽层电缆的各种屏蔽功能时，于工程实施上的差异也无非是屏蔽层接不接地，如何接地。前不久，笔者在拜读兼有科学家和文人双重身份的陈之藩先生的《一星如月·散步》一书中有关黄金分割的文章时，方知著名而古老的黄金分割其数学表示法从费氏序列：1，1，2，3，5，8，13，21，34……（第三数是前两数之和，依此类推）的创始时算起，直至由 $X^2+X-1=0$ 导出的 0.618，由繁到简，前后竟然经过七八百年，而就这个 0.618 的黄金分割点，无论在科学技术上，乃至日常生活中总难免涉及。

然而，科学技术在给人类带来福祉的同时，也会成为战争的一种武器。1958年，美国军方在一次氢弹试验中意外发现了核电磁脉冲的奇特效应。核电磁脉冲在扩散过程中，会瞬间发出极强的能量，并以光速扩散，使其影响范围内任何未加保护的电子设备，通过电磁脉冲能量的耦合，造成电气设备和电子系统的失灵，甚至烧毁。之后，世界上就相继出现了诸如电磁炸弹（又称"强力微波武器"）、非核电磁脉冲弹、电磁脉冲弹（又称"高能微波弹"）等特殊的战争武器，以摧毁指挥、控制和通讯用的电子设备以及计算机系统。

工业控制系统目前面临着一个最严峻的安全问题，就是一旦发生战争，我们如何去防止诸如网络攻击以及强电磁干扰对控制系统的骚扰与破坏。为此，全面掌握和提高应对各种强电磁干扰的技术和能力，是历史赋予的使命。

《控制工程中的电磁兼容》一书只是记下在探索控制工程中的电磁兼容所留下的或深或浅、或正或斜的脚印，反复打量与思考这十多年来的工作经历和真实感悟，领略客观世界所寄予的深意。

作者简介

徐义亨，生于1940年，祖籍上海。1962年毕业于浙江大学化工自动化专业。先后于原化学工业部沈阳化工研究院、原冶金工业部鞍山焦化耐火材料设计研究院、杭州大自然集团、浙江中控集团等单位从事过程控制系统的设计、研究工作。现为浙江中控研究院战略发展中心高级技术顾问。

中国原子吸收的"前世今生"
——访北京瑞利分析仪器公司章诒学

刘丰秋

导读 对于中国原子吸收仪器的研发、制造历史的亲身经历,对于未来技术发展方向的了解,莫过于北京瑞利分析仪器有限公司的前总工章诒学。

1954年,澳大利亚物理学家A.Walsh提出了有关原子吸收光谱(Atomic Absorption Spectroscopy,AAS)分析方法的理论。1958年,第一台商品型火焰AAS仪器问世。自此,开启了原子吸收光谱的发展历程。

谈到中国原子吸收的生产制造历史,不得不提到北京第二光学仪器厂(二光),很多的"第一"都发生在二光。而对于中国原子吸收仪器的研发、制造历史的亲身经历,对于未来技术发展方向的了解,莫过于北京瑞利分析仪器有限公司的前总工章诒学。

到2014年,章诒学研制原子吸收光谱已有33年历史,亲身经历、参与和见证了中国的原子吸收光谱仪器怎样从无到有,从简单到复杂,从低端到高端,产量和市场从少到多,成为一种量大面广、可以和国外仪器一比高下的科学仪器。而如今,章诒学还工作在研发的第一线,每年参加PITTCON等光谱方面学术会议与展览会,积极了解原子吸收的最新进展。

日前,仪器信息网的编辑就中国原子吸收的过去、现在与未来,采访了章诒学(图1)。

中国原子吸收的"里程碑"——国内第一台原子吸收商品仪器

20世纪60年代,中国的分析仪器市场需求已经打开,但是商品化的光谱仪器国内几乎没有。当时原子吸收仪器正经历从科研装备向商品化仪器转变的过程。据章诒学回忆,根据国家规划,当时机械工业部向北京市机电工业局下达了建立"物理光学仪器生产基地"的任务。北京光学仪器厂部分物理光学仪器、北京科学仪器厂物理光学仪器的研发人员、装配人员、设计图纸、装配工具以及初步样

图1　北京瑞利分析仪器有限公司的前总工章诒学

机等全部打包"搬"到了二光。二光成立于1968年12月，1988年更名为北京瑞利分析仪器有限公司，现归属北京北分瑞利分析仪器（集团）有限责任公司（文中统称"二光"）。

我国原子吸收商品仪器的研制始于北京科学仪器厂的倪国栋（浙江大学光仪系毕业）原子吸收研发团队，该团队1971年加入到二光。在已有研发的基础上，1972年即推出了国内第一台商品原子吸收WFX-Y2型，火焰原子化方式。不过据章诒学介绍，这款仪器并没有大批量推向市场，只生产了10多台。是什么原因导致了中国第一台原子吸收仪器没有成功产业化呢？章诒学说，Y2的研制过程中，北京有色金属研究院、北京矿冶研究院作为合作方试用了Y2，而试用结果认为Y2有不太成熟的地方，需要继续改进。

在从原子化、火焰稳定性、喷雾器供气等方面不断对Y2改进的同时，国际上出现了石墨炉原子吸收仪器，专家们和研发团队建议我国开展石墨炉技术的研制。

说到这里，章诒学是1972年加入到原子吸收团队的，Y2研制时处于学习阶段；1973年初开始石墨炉原子吸收WFX-Y3型研制的时候，章诒学已经开始负责Y3石墨炉机械设计；1979年倪国栋由于个人原因离开二光的时候，章诒学开始担任原子吸收团队的负责人。

Y3的研制中，中科院环境化学所倪哲明团队的马怡载先生起到了非常积极的作用，马怡载先生对石墨炉原子化技术非常感兴趣。当时由于中国还没有开放，很多工作都需要自己动手。中国石墨炉原子吸收的研制是从寻找高纯度、高密度、高强度要求的石墨材料开始的,马怡载先生与章诒学分别赶赴兰州炭素厂和哈尔滨电炭厂,最终从兰州炭素厂找到了符合要求的石墨材料。之后,在大量的石墨炉分析试验中,了解到热解镀层石墨管的寿命长、灵敏度高,章诒学找到了北京电子管厂和航天部一院703所的王恩福,正巧王恩福与章诒学二人是北京大学校友,其部门是研制火箭头上使用的石墨部件,巧的是为响应军转民号召,正在积极寻找民用项目。二人交流了原子吸收仪器中石墨管的技术需求,王恩福部门的大型进口设备、技术能力完全可以解决该问题。说起来非常有意思的是,后来王恩福看到了原子吸收石墨管的市场空间和前景,自己成立了专门公司,一直运营到现在。

历经两年的时间,解决了石墨材料、热解石墨管加工、电源设计等技术难题,1975年二光推出了WFX-Y3型石墨炉原子吸收仪器(图2)。Y3技术革新的地方不只是增加了石墨炉法,还实现了数字化。当然,这个数字化和现在所说的数字化不一样,原来的Y2是指针显示,Y3则实现了数码管显示。这两方面的技术进步,都填补了国内空白,并且可以说与国际先进技术保持了同步。令人印象深刻的是,Y3还在1978年获得了第一届科学大会奖。科学大会奖是现在国家科学技术奖项的前身,Y3能够获得国家级大奖,其意义和分量不言而喻。

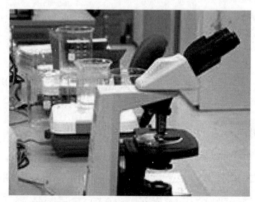

图2 获得国家科学技术奖项、国内第一台石墨炉原子吸收仪器

计算机化的原子吸收仪器

1978年,由于改革开放,中国很多行业受到了巨大冲击,其中电子

工业首当其冲。如现在很火的798文化创意园的前身是中国电子元器件产业园，目前主要依靠收取文化创意工作室的租金生存。这种冲击肯定给国家工业发展带来了负面影响，不过换个角度来讲，对于分析仪器行业来说，大量国外的质量好、价格也不贵的电子元器件涌进来，使得电路板整体故障率下降，促进了分析仪器质量的提升。

章诒学一直坚持"追寻国际先进技术不断改进"的观念，认为产品改进是无止境的。改革开放之后，中国与国际接轨，信息更通畅，原子吸收的研发人员积极地学习电子、光学等方面的先进技术。"当时原子吸收的市场、应用已经多起来了，普及程度大，已被列为量大面广的分析仪器。"章诒学说道，"当时在原子吸收技术进步方面，最主要的发展是计算机化。"

1985年，二光推出了采用计算机进行控制的WFX-1F型原子吸收产品。当然，当时还是286、386等单板机，并且仪器内置了一个9英寸电视显示屏幕。由于计算机的引入，可以实时检查原子化过程中信号变化，达到了毫秒级响应速度，发现了一些原理性问题。另外，1F还推出了自吸收扣背景技术。说到自吸，当时是与广西化工研究院马治中先生合作的。马治中先生实验室有一台二光的Y2，马先生虽然是研究分析化学的，但是对电子技术很感兴趣，他通过改动Y2的电路实现了自吸收背景校正。

WFX-1F的技术进步较多，1986年获得了国家科技进步三等奖，是原子吸收光谱历史上获得的第二个国家级奖项。

1984年国家鼓励技术引进的时候，原子吸收方面也引进了日立、精工等产品。对于技术引进，章诒学说从中学到了很多，如一种新型的原子化技术——钨舟电热原子化，才知道原来原子化方式不只有火焰和石墨炉。后来，这种原子化技术的变更——钨丝电热原子化应用在了二光后来的910型便携原子吸收仪器上。另外，更主要的还是学到了装配、机械加工技术，在工业设计等方面也受到了启发。

发展塞曼原子吸收仪器

塞曼效应背景校正是近年来最受关注的原子吸收扣背景技术。章诒学对于恒磁场塞曼效应背景校正技术一直比较偏爱，尤其关注日立公司的恒磁场技术。可以说二光的塞曼原子吸收仪器研发受日立公司技术影响较多。章诒学介绍，日立的原子吸收从170、180、500、200，一直到3000型，始终坚持在恒磁场塞曼效应背景校正技术方向上改进，并且不断有新"东西"出来，"这种坚持自己技术路线不断进步的理念值得学习"。

二光的塞曼背景校正技术是与广州测试所的何华焜先生合作的，何先生是中国最早研究塞曼背景校正技术的人之一。1988年，何华焜先生与二光合作推出了交变磁场塞曼背景校正技术的WFX-1G，不过，虽然该样机通过了鉴定，但在后期的试验中发现由于交变磁场部件振动导致基线"振荡"显著，并且由于该技术不能应用于火焰原子吸收上，最终WFX-1G没有批量生产。不过这也为二光继续研究塞曼背景校正技术打下了基础。仍然是与何华焜先生合作，经过3年研究，2006年，二光推出了并列式火焰与石墨炉原子化系统、恒定磁场横向塞曼效应背景校正的WFX-810。

1975年WFD-Y3石墨炉、1985年WFX-1F计算机、2006年WFX-810塞曼代表了中国原子吸收的技术进步的步伐。其中，像石墨炉技术、自吸收扣背景技术等的研发几乎与国际同步，而自吸收扣背景技术还可能早于国外。

中国原子吸收早期的应用领域主要是冶金、地质，后来扩展到了环境、食品、医药等领域。国产厂商除了二光之外，还有北京分析仪器厂、上海分析仪器厂、南京分析仪器厂、沈阳分析仪器厂等。

原子吸收技术的"现在与未来"

（1）"单光束与双光束"之争

"单光束与双光束"之争是章诒学提出的，她还自豪地说在单光束与双光束的光路设计方面是中国影响了外国。事件源于20世纪80年代初，当时大量的进口原子吸收产品涌进了中国，进口原子吸收仪器多采取双光束的光路设计，而大部分国产原子吸收仪器则是采取单光束设计方式。单光束光路设计简单、光强高，弱点是基线漂移、稳定时间长。而双光束的基线稳定性好，弱点是光路复杂、光强弱，砷等弱光元素受影响较大。

当时国外公司极力宣传双光束的优势，基线稳定、不用预热、开机就能使用等。当时，邓勃、马怡载、何华焜、吴廷照等老一辈原子吸收学者们组织了一次PK活动,现场测试、比较国内外原子吸收仪器的稳定性。PK的结果是,单光束的原子吸收仪器效果更好,虽然其基线漂移是缺陷,需要稳定一定时间才能使用,而且当时的元素灯稳定性没有现在的好,稳定时间多在15分钟或20分钟。但是单光束原子吸收的光能量强、信噪比好。如今,随着光源制作技术的发展,元素灯的预热时间变短了很多,性能更稳定;而且由于计算机技术的引进,调零方便,基线漂移很容易解决。

相反,双光束仪器设计的镜子多,而多一块反射镜最少也要损失15%～20%的能量,原子吸收本就是减弱光强度的过程,如此导致检测到的信号非常弱。那次PK之后,可以说国外仪器公司也有不坚持双光束的了,至少将双光束当作卖点进行大力宣传的少了很多。

(2)原子吸收"短板"之多元素同时检测

分析速度慢、一次只能分析一个元素是原子吸收的固有缺陷。而2004年,德国耶拿公司在世界上首次推出了连续光源火焰原子吸收光谱商品仪器。耶拿的连续光源原子吸收是通过采用脉冲氙灯作为连续光源、中阶梯光栅的分光系统、CCD检测器等技术,实现了多元素连续检测。

不过,不同元素的原子化条件差异很大,即使是采用连续光源,真正实现多元素同时测定仍有难度,仍需要发展新的技术。另外,连续光源原子吸收仪器的结构与运行都相对复杂,而且,中阶梯光栅等技术具有一定难度,国内短时间内无法达到。

在这种情况下,国内的原子吸收走了另外一条技术路线:多元素灯+CCD。多元素灯,用两种以上金属合金制作的空心阴极灯,据了解相关部件供应商现在最多已经可以做到8元素灯。"今后可以根据用户的需求定制特色多元素灯,不过哪些元素适合组合在一起还需要进一步研究开发。"章诒学说。

(3)大势所趋之现场检测、小型化

小型化、便携化,能够现场检测,是分析仪器"大"的发展方向,也是原子吸收的发展方向之一。

随着全社会对于环境健康和人类健康问题越来越重视,包括原子吸收光谱仪在内的各类重金属检测仪器发挥的作用越来越大,现场小型化、

便携式、车载等专用的重金属检测仪也得到长足的发展。从另一个方面来讲，随着大型直读光谱、质谱仪器的迅速发展，原子吸收要保持其仪器和操作上简便易用的特长，应使原子吸收仪器向小型化、专用化方面发展。

2010年，二光推出了便携式原子吸收WFX-910型，采用CCD检测器和钨丝电热原子化器，实现了三元素同时检测。不过，章诒学也说道，仍然有许多的工作要做，如真正实现多元素的同时检测；软件和整体结构的继续改进；目前910在现场还是手动操作，未来可以自动化程度更高些，如远程控制、无线网络数据传输等，逐步实现江河湖海的实时监测；因为我国的很多江河的源头都是在远离人烟的地方，如果仪器能够远程控制开机、采样、运行、报数据等，将为国家水环境事业解决实际问题；样品处理和分析条件方面需要进行更深入的研究，以便实现真正能拿到野外使用。

章诒学还遗憾地说道，910推出后，由于没有方法标准的支持，检测出的结果不被认可，使得该仪器的市场推广成了大问题。

（4）多功能化是方向吗？

近年来一些仪器公司推出了多功能的原子吸收产品，如沈阳华光推出过一台集合了火焰原子吸收、石墨炉原子吸收、氢化物发生原子荧光、紫外可见分光光度计、火焰光度计于一身的原子吸收仪器；北京华夏科创公司推出主要用于饮用水标准中11项指标检测的原子吸收和原子荧光"二合一"的多功能原子吸收光谱仪。

不过，对于这种多功能的原子吸收仪器，其实用性、客户反映如何，还有待进一步的考察。

（5）"样品前处理仪器化"缺乏

样品前处理技术的仪器化，是所有分析仪器都面临的问题，章诒学指出，"前处理技术是开启新应用市场的关键"。样品前处理是分析工作的一道坎，分析化学的人不会"搞"仪器，"做"仪器的人不了解分析，所以，目前样品前处理属于两边都够不着的"空白区"。

说到这里，章诒学举了一个例子。当时910便携原子吸收推出后，蒋仕强老师非常看好910在饲料行业原料进厂前的检测应用，推荐去联系廊坊一家饲料企业，该企业质控经理看过测试数据后，认为910能够满足企业的需求。不过，企业的分析人员水平较低，无法胜任复杂的样品前处理技术，对此，质控经理提出了一个要求，能否将910的前处理做成自动、"傻瓜相机"式的？对于这样的要求，章诒学说自己受到了"刺激"，"太难了，仪器厂家对于这方面很外行，不过这一定是一个方向"。

仪器小型化的目的是为了在现场能够进行检测，恰恰目前还缺少一个环节——样品前处理，未来在这方面有大量的工作可做。全自动化、半自动化的前处理技术或发现新的处理方法解决传统方法不好解决的问题，再或者另辟蹊径——发展直接进样技术。

（6）也谈国内外的差距

"总的来说，中国的原吸与国际发展方向一致、同步，"章诒学说道，"国产原子吸收仪器研发力量越来越弱，国内仪器企业的光机系统、分析软件、电路设计的人才很缺乏。"

（7）长期稳定性之殇

总体来说，国内外原子吸收之间最大的差距在于长期稳定性。国产原子吸收的长期稳定性较差，这也是用户购买国产原子吸收不自信的地方。用户普遍反映是"使用时间长了之后，故障多，数据重现性差。"

除国内外制造水平存在差距之外，关键零部件如光电倍增管、固态检测器等，目前几乎都是进口的。很多业内人士建议，国家应该大力扶持关键零部件产业的发展。

（8）一揽子解决方案的"真与假"

国产原子吸收的用户多是县级单位、企业的用户，仪器操作人员的技术水平较低，更加需求全面解决方案。国外厂家的一揽子解决方案真正做到了包含前处理方法、配套试剂等环节。而国内真正能够做到全面解决方案的厂家还不多。

究其原因，章诒学认为，国产仪器厂家的人才结构上存在缺陷，不愿意养、也养不住分析化学人才；而且对于"不只造仪器，还要教用户用仪器，最好还能配套前处理设备或方法"，这种需求缺少意识，然而恰恰这些方面对于占领市场很重要。

（9）同质化、低价竞争的怪圈

"国产原子吸收的现状不是很好，同质化、低价竞争现象较严重，"

章诒学说道。国产原子吸收多是中低档产品，低价竞争的结果是利润薄、研发投入下降。相关产业联盟一直没能真正建起来，章诒学感到困惑，"不形成联盟，在应对国外竞争时将毫无优势可言。"

　　章诒学也谈到目前在仪器招投标中存在的一些弊端，如"明明两个灯就够了，偏偏要配八个灯？！灯多了之后，稳定性变差，仪器结构与运行都变得复杂。还有狭缝的个数也是，并不是越多越好，一些仪器厂家往往将这些参数宣传成了'噱头'。"希望这些误区能够再讲得明白点，真心希望国产仪器不再仅仅为了招标参数而玩儿花样。

　　市场化后催生了很多民企，民企没有政府的支持，搞研发很困难，更看重利润，造成了现在恶性竞争的环境。

　　对于一个从事原子吸收仪器使用维修多年的我，认为此专访报道写得非常好，非常客观，非常全面，文笔也不错。20年前见过章老师几面，没想到现在的章老师已经是满头白发了，真是岁月不饶人啊！祝愿章老师健康长寿！

　　注：该文转自仪器信息网。

作者简介

　　刘丰秋，1972年出生，辽宁锦州人，中石化石油化工科学研究院分析化学专业硕士毕业，现任职于仪器信息网高级编辑。

五十年代苏联援建的自动化仪表

索秀慧

在第一个五年计划中，国家确定的基本任务是集中主要力量，进行以苏联帮助设计的156个建设单位为中心，建立中国社会主义工业化初步基础。就是在这样的形势下，我们于1958年春天，集体从领导到具体工作人员，由二机部系统调到化工部系统，参加苏联援建的156项中的硝酸铵氮肥成套项目的建设。从此我就和化工结下了不解之缘。

苏联援建项目的硝酸铵氮肥厂共有3个，代号为102是吉林氮肥厂，代号为202是太原氮肥厂，代号为302是兰州氮肥厂。我们集体被调到202太原氮肥厂。我被分配到仪表车间，仪表车间分两个工段，一个是前半部合成工段，另一个是后半部硝酸工段。我任仪表车间硝酸工段技术员。

当时工厂正在基建中，仪表技术人员都被派到吉林氮肥厂仪表车间实习，仪表车间分为压力间、温度间、流量间、分析间、调节间，我分到调节间，当时的调节器都是液压式（充填变压器油），比较笨重，每次从现场拆下抬回调节间检修，都需要两个小伙子抬。苏联专家不同意我这个年轻女技术员在调节间实习，后就被调到温度间和分析间。1959年5月，实习结束，回到太原，又以甲方代表身份参加安装公司计器队的仪表安装工作，直到安装工程结束，回到仪表硝酸工段，参加仪表调试、试车、开车、投入生产。

硝酸车间主要设备是6000 r/min的透平压缩机，这是当时国内转数最高的透平压缩机。为了保护压缩机轴瓦不被烧坏，采用油循环冷却和安装轴位仪双向保护。透平压缩机在单机试车时，出现轴瓦突然被烧坏的事故，苏联专家感到很意外，经检查没发现问题。第二天，苏联专家决定继续单机试车，结果轴瓦又被烧坏，又进行细致的检查，还是没有发现问题。备用挂五金的轴瓦只剩下一套。

这时已是1959年农历腊月二十八，天气非常寒冷，

46

循环冷却的油温需要提高，否则油会凝固，给冷却油加温的是一台2吨的热水锅炉，为提高温度，烧锅炉的工人加大了进煤量。锅炉安装在一楼支承透平压缩机工字梁的下面偏东一点，不试车时锅炉也不能停掉，必须继续烧，保持冷却油能正常循环，等待随时试车。由于锅炉提高出口温度，安全阀又失灵，结果锅炉爆炸了。由于天气寒冷，我们各专业配合试车人员都在二楼透平压缩机工字梁的上面，为了御寒，把最大煤油桶一锯两半穿上钢筋加上焦炭烧来取暖，大家都围在自己制造的大焦炭炉子周围。那天夜里时钟敲过12点后，戚副总工程师和其他专业口的人员都有些困倦，他们就站起来去了办公室。前面烤得挺暖和，后背却挺冷，我也有些困意，眼睛有点睁不开，站起来刚从花纹钢板地上走到水泥地上，就听到"嘭"的一声巨响，把我彻底惊醒了。

已来不及跑走，就地抱着头蹲在水泥地上，厂房上面的窗户玻璃及墙皮稀里哗啦地掉到我的后背和头上。听到巨大爆炸声，戚副总工程师就往现场跑，由于他个子矮又胖跑不快，一面跑一面叫我，我还蹲在地上，答应的声音有些轻，把戚副总吓坏了。其余的人跑得快，先找到我，把后背和头上的碎玻璃和碎墙皮等东西扒了下来，将我扶起，看到我毫发无损，才松了一口气。有的同事跑到一楼一看，锅炉已不在地面上，抬头向上一看，锅炉被卡在两个大型工字钢之间，吊在空中，二楼花纹钢板地已被顶起一个大鼓包，如不是被工字梁卡住，那后果非常可怕。

天亮已是腊月二十九，只有一天就过1960年的春节了，厂长、调度长很着急来到现场，一方面看望辛苦多日的试车人员是否受伤，另一方面了解情况，关心什么时候压缩机能试车开起来。

厂长和调度长走后不久，负责透平压缩机维护检修的钳工于师傅拿着图纸过来找戚副总工程师，指着图纸上的冷却循环油管说，循环冷却油没有经过轴瓦，而是直接回到了油箱，轴是在没有冷却油降温的情况下干转，轴瓦的五金怎能不被烧熔化抱住轴，使轴无法转动，透平压缩机也就转动不起来。戚副总工程师拿着图纸和现场实际油管进行对照，发现循环冷却油确实没有进轴瓦箱，而是直接回到了油箱。确定无误后，戚副总考虑了一会儿，拿着图纸到专家办公室去找苏联专家，大约过了一个多小时，戚副总和苏联专家拿着图纸一同来到透平压缩机旁，苏联专家也对照图纸看了一会，用笔在图纸上连了一条线，对翻译讲让钳工师傅把回油管按新画了线的图纸改过来。油管改好后，已是腊月三十的下午了，苏联专家叫工艺操作人员开车，一声响，透平压缩机转动起来，这时仪表盘上的轴位仪显示正常，油温指示也正常，其他仪表也都显示正常。

苏联专家、戚副总和参加试车的人员都从紧张状态松弛下来，脸上有了笑容。这时苏联专家走到钳工师傅面前，紧紧握住他的手，并说谢谢，这是苏联老大哥第一次放下高傲的架子，向中国工人表示谢意。为了运转正常不再出现问题，戚副总指示硝酸车间主任，让透平压缩机继续运转下去，直到试车成功。第二天正好是大年初一，上午10点多，刘刚厂长陪同太原市长和山西省长来到车间，和所有人员握手并说大家辛苦了，给大家拜年。

苏联专家的指导意见就是"圣旨"。苏联专家提的建议由专家办公室每天一条一条落实，如果没有按苏联专家提的建议去办，是要受处分的，有一个技术人员只提出了不同意见，没有去照办，结果受到记大过处分。

轴瓦是挂五金的，温度一高就会熔化，一熔化就将透平压缩机的轴抱住，透平压缩机无法转动只能停车。轴位仪是安装在轴瓦和转动轴之间的仪表，它们之间的间隙只允许有14道，相当小的14微米，两根头发粗，每次试车前必须让钳工师傅打开轴瓦盖，我调整轴位仪的间隙，工人在仪表盘前看仪表指示数据，间隙调整为14道时，就固定好锁住，确保无误才能把轴瓦盖盖上，再通知工艺人员启动开车按钮。

我们工段负责65米高造粒塔的仪表巡回检查维护。那时电梯还没有安装，每天上午和下午各巡回一次，每次都要爬楼梯到65米高仪表室更换记录纸，抄录仪表指示的数据，上下一次至少40分钟。仪表人员虽然都年轻，但爬上65米高时也会大喘气。为了自己的责任，大家都没有怨言。到了一年一度全厂停车大检修时，仪表人员更忙，造粒塔的关键仪表是控制造粒的温度，它是一台长图三点记录的ЭПП-09电子电位差计，重约50斤，50厘米×45厘米，真是老大黑粗。还有水银差压浮子流量计、电接点式弹簧管压力表等，大检修时都要拆下来，现场仪表工要用近50厘米粗的木棍，从65米高的仪表室抬下来，送到仪表车间，交给温度室、流量室、压力室进行检修。检修完再安装上。那时工人很纯朴，不怕苦，不怕累，任劳任怨，表现出尽职尽责的优秀品质。

苏联援建的仪表大部分是基地式仪表。硝酸车间的控制仪表是全厂仪表品种最齐全的，它不仅有测量压力的普通弹簧式 60kgf/cm²❶，还有高压弹簧管压力表 600kgf/cm²、带报警电接点压力表及 04 型气动圆图压力调节仪表；测量流量的 ДП-280、410、610 圆图水银差压浮子式流量计、高压圆图水银差压浮子式流量计（320 千克）及 U 形玻璃管式差压计、玻璃管式转子流量计。还有测量温度的仪表比率计（指示型），ЭМД-209 电子平衡电桥是圆图单点记录仪，它的一次元件热电阻体有两种规格：金属铜和金属铂，测量范围 0～600℃，毫伏计和落弓式毫伏计指示型一次元件是镍铬-镍热电偶，测量范围 0～600℃；ЭПП-09 电子电位差计是 3 点记录仪；一次元件有镍铬-镍 0～600℃和铂铑-铂热电偶，测量范围 0～1200℃。

还有全厂独有的现场控制式在线自动连续测量的各种分析仪表，当时这些分析仪表也是国内仅有的。自动连续工作热化学式气体分析仪，是以测量反应器触媒层铂网中发生催化反应热效应为基础，测定氧气中的可燃气体和可燃气体中的氧气含量。自动连续指示和记录磁氧气体分析仪，是利用氧的顺磁性随温度变化的关系，分析各种混合气体中氧的体积含量。连续测量混合气体中一氧化碳、二氧化碳、甲烷、氨、乙烯含量的红外气体分析仪，是利用混合气体中被测组分具有选择吸收红外线性能特点的仪表。自动光电比色气体分析仪是一种连续自动测量无色气体中氮氧化物含量的工业分析仪器，是基于当混合气体中二氧化氮浓度发生变化时被测气体的透明度也随之改变的原理，有两个气室，一个为参比室，另一个是工作室，混合气体中氮氧化物的浓度测定范围不超过 1.05。红外线吸收式气体分析仪用来连续测量含有氢气、甲烷、二氧化碳、一氧化碳混合气体中的组分浓度。

当时这些分析仪表在国内还没有成熟的正规产品。1960 年冬，北京分析仪器厂技术人员来到我厂，联系要对硝酸车间的分析仪表进行现场测试，经批准后我带他们在车间现场进行磁氧气体分析仪、红外气体分析仪及自动光电比色气体分析仪的多项技术性能测试，解决了他们在生

---

❶ $1\text{kgf/cm}^2 = 10^5\text{Pa}$

产中一些难题。

硝酸塔的液位测量，在当时是非常困难的，没有任何仪表能解决。因硝酸腐蚀性较强，特别是稀硝酸腐蚀性更强，苏联提供的仪表是同位素钴-60液位计，这是一种非接触式测量液位仪表。采用放射性同位素钴-60来测量液位变化是唯一方法。钴-60是金属钴的放射性同位素，自然界一般不存在，通常是以中子轰击金属钴而制取的，是一种极其危险的放射源，钴-60半衰期为5.27年，放射性极强。

现在钴-60在工业方面用于石油化工、煤炭资源勘探、探伤、料位、液位、密度、厚度等测量。在医学方面用于诊断、治疗和消毒灭菌。在农业方面用于辐射育种、改良品质、增加产量、灭菌保鲜等。

钴-60γ射线穿透能力较强，当时大家对放射性同位素的认识太少，对它的危害性更不了解。钴-60放射源的射线具有一定能量，能破坏细胞组织，减少白细胞，对人体造成伤害，甚至会造成死亡。我们那时对钴-60的放射源保管是严格的，采用圆形铅罐保管，因为它比较贵重，须由专人负责。在安装钴-60放射源时，没有专业人员指导，苏联专家已回国，又没有任何防护措施，连个屏蔽的铅围裙都没给配备。那时我年轻，手巧胆子大，就冒险安装，拆卸钴-60放射源达两年之久。

上海光华仪表厂是二机部所属生产同位素仪表的工厂。1961年夏，由沈厂长带领技术人员到我们车间，要对硝酸塔液位测量采用的钴-60同位素进行在线测量，对他们研制同位素测量仪表提供了很多实践经验。

1962年初，车间领导让我把硝酸铵生产过程中的酸碱度自动控制调节器开起来投入使用，k.p.h-1型中和自动调节器是固定安装式，用来微调中和过程中硝铵溶液之过量酸或氨而用的分析仪表。如硝铵溶液的酸度等于规定值时，气动调节阀不动作，当硝铵溶液酸度增大时，调节阀关小，反之开大。到1962年秋才开起来正式投用，满足了工艺生产需要。煤气气柜是钟罩式的，有水封液位测量选用的伺服电机配标尺，每次巡回检查都要做记录。

1960年，我在仪器仪表杂志上发表《硝酸尾气中一氧化氮、二氧化氮分析采用光电比色方法》一文。1961年，经车间主任陆心一介绍，被吸收为中国科技协会个人会员。

  1960年秋，苏联专家撤走后，苏联援助的第一套直接集中控制生产的AYC调节系统仪表在当年冬到货，它的动力不是电而是压缩空气，连接气源是直径6毫米和8毫米的紫铜管，每根长度只有4米左右，而调节器到现场执行机构的距离都在20～30米，个别要达50米，中间都要用铜焊条沾硼砂焊接，十三套调节系统，就有400多米长，焊口达百处，我们要一个焊口一个焊口用肥皂水检查是否漏气。没有苏联专家指导，我和邱俊峰靠仅有的使用说明书，一台表一台表进行安装调试，有时一台表要经过反复调试。单台仪表校验合格后，再和调节器、执行机构连接，先手动试验，合格后再切换到自动位置，再进行第二个系统联调。就这样，经过近一年加班加点的奋战，终于将整个系统联调完成，使这套在仪表控制室集中自动控制硝酸生产线的大型先进调节系统投入正常使用。这些仪表精度是1.5级，比现场安装的基地式水银流量计2.5级和4级要高。

  为解决一机部仪表局仿苏AYC型气动单元组合仪表的仿造，我们提供了图纸、说明书及样机，为广东肇庆仪表厂和上海和平仪表厂仿制及以后QDZ-1型气动单元组合仪表的生产提供了重要的技术支持。

  1962年国庆节前的一天下午三点多钟，早班快下班，厂区突然冒出很大的放气声，全厂都惊呆了。硝酸铵化肥厂是高温高压易燃易爆工厂，从龙头造气车间、脱硫工段、精馏工段到合成车间是全厂生产的核心，为了生产安全，全都安装着联锁装置，一旦出事，就能安全停车，不造成事故。后查找原因，得知是造气车间仪表室的操作工在拖地时，不小心拖把碰上紧急停车按钮。厂里三班倒的操作工下班前必须搞好卫生，拖好地，才能交接班，这是操作规程规定的。

  合成氨车间是高压车间，合成压力320kgf/cm²（一颗子弹是7kgf/cm²）。一台高压水银流量计要装3.5～4公斤的水银，总重达60～70公斤，是最重的仪表。事实证明，苏联产品太笨重，但结实，经久耐用。

  1963年，化工部下文要求太原氮肥仪表车间组织人员编写《化工专用仪表及调节器技术说明书汇编》的工业分析仪表部分，经过大家努力，于当年9月完成，我也参与了编写工作。

作者简介

索秀慧，女，高级工程师。1954年毕业于北京工业学校，分配到国营二四七厂，1958年调化工部太原氮肥厂，同年入太原业余化工学院学习，1963年毕业。1964年调北京有机化工厂，1972年任该厂技校教务主任。1975年借调德国进口氧氯化装置会战。1976年调1号工程（毛主席遗体保护）。1981年借调化工局筹建《北京市热平测试中心站》。1983年参加《计量法》调研修改。1987年聘为国家一级计量评审员。1988年被聘为《全国工业过程测量与控制专业标准技术委员会》委员。1988年任化工计量学会技术委员会委员。

走在自控发展之路上

蔡业吉

1960年9月，我入北京化工学院化工自动化专业学习。1965年7月毕业，分配到北京有机化工厂至退休。1965年参加工作第一年，当时化工部试点组织新分配大学生到吉林化建一公司劳动实习。先在管道队劳动，零下20℃在室外挖沟；春节后在设备安装队实习；接着到103厂、102厂及法国进口的丁辛醇装置安装仪表，特别是法国进口的丁辛醇装置给我留下深刻印象。

此时，国内化工仪表自动化最先进的是苏联援建的太原、兰州、吉林三大化工公司，我都去实习过。北京有机化工厂是我国第一个从国外引进成套设备的工厂，其自动化水平也是当时全国最高的。

1966年9月底，我回北京有机化工厂，在仪表车间维修班回收工段做仪表维修工作。我抓紧时间学习、消化日本仪表说明书及相关图纸、资料，特别是一些特殊的仪表及调节系统。如回收工段的pH计，比重测量调节系统，合成工段串级调节系统，皂化工段比例调节系统，聚合工段树脂浓度-黏度-温度调节系统。

1967年是我进厂后参加的第一次大修。当时热力站G1（一次蒸汽）、G2（二次蒸汽）两个孔板需扩大量程，要重新计算孔板。停车检修时卸下孔板进行加工。这是全厂两个最大的孔板，装在管廊上，装卸非常不方便，要求一次成功，不能返工。我反复计算，反复核对，算出新的孔径。由于初次计算，心里没底，提心吊胆。等新孔板加工完毕、更换、开车，心里才踏实。这是我第一次计算的两个孔板，也是唯一一次。

一、早期国产工控机

1. TQ-1机

1968年6月，我调到TQ-1组做硬件维修。TQ-1工业控制机是1964年设计，我国最早的工业控制机之一，上海无线电十三厂生产，1969年进有机化工厂安装并开机运行。

TQ-1机硬件采用分离元件锗管组成的插件板。主机运算速度2万次～3万次。内存（大磁芯）容量4K（字长18位）。外存为2台卧式磁鼓，每台容量为50K。外部设备有：B55电传打字机2台，宽行打字机1台，光电输入机、穿孔机、电灼机各1台。

现在看来这简直太落后了，但当时和日本控制机的水平相差却不很大，属同一代产品。但实事求是地说，由于元件不过关，稳定性差距很大。20世纪70年代日本人来厂参观，他们看得很详细，还用放大镜看插件板及机器布线的焊点。最后他们说，日本60年代初产品和TQ-1机差不多。

我在吃透各输入、输出通道逻辑图后，发现模出通道和数码显示通道还有空余的逻辑地址和硬件插件板位置。就照猫画虎，设计逻辑图，出连接线、布线施工图。把TQ-1机的模出由32回路扩充为64回路，把原只有一套数码显示扩充为二套数码显示。由于逻辑图设计和布线施工图认真仔细，施工焊接的师傅们认真负责，精准焊接，一次调试成功，扩大了TQ-1功能。

当时TQ-1的运行操作台已不适应扩充后的要求，我重设计新的运行台。把原模出单元（步进马达-多圈电位器）改成可手动操作，并把模出单元移到运行台上，解决了操作工手动操作的难题，为TQ-1机的实际应用提供保证。

TQ-1机是我国少数早期工业控制机之一。由于当时电子元件还不过关，机器故障多。TQ-1机原确定的任务是做醋酸与乙炔合成反应的优化控制，建立数学模型。当时参加单位有中科院东北自动化研究所、中科院自动研究所、中科院数学所、清华大学、南开大学等单位。其中有著名数学家、后为中科院数学所所长的杨乐。他们都深入现场，在工艺车间和TQ-1组机房参加倒班，熟悉工艺，收集数据，用手摇计算机进行数据处理，取得不少成果，直到"文革"结束才回原单位。

1970年，北京有机化工厂技术改造，把年产1万吨PVA提高到2万吨，并决定TQ-1机在无常规仪表调节器备用的情况下，直接对合成Ⅲ系列进行直接数字控制。TQ-1组软、硬件人员通力合作，顺利完成任务。1971年产量翻番改造成功，经济效果显著。TQ-1机直接控制合成Ⅲ系列直到1987年由YEWPACK-Ⅱ DCS代替。

TQ-1机从开始运行到停运一共近20年，直接控制合成Ⅲ系列也有16

年，这在国内化工行业也是首创。

2.YJ-1机

TQ-1机在合成Ⅲ系列控制成功后，厂里决定在新项目直接上计算机控制。长期和北京有机化工厂合作，帮助应用的中科院东北自动化所有实力，可以研制工业控制机。YJ-1机是1970年开始研制，1973年进厂安装、调试。当时准备给新建的轻油氧化装置用的。

中科院东北自动化所研制的YJ-1机硬件指标：采用分离元件硅管组成插件板，主机运算速度5万次，内存4K×2，外存立式古1台，外设B55、宽行打字机、光电输入机、穿孔机各1台；过程通道：模入60点（干簧管）+256点（无触点开关，统一信号0～50mV；模出48回路（步进马达-多圈电位器结构），统一信号0～10mA；开入256点，开出64点。因种种原因，1978年轻油氧化工程下马，把JY-1机搬到PVA车间作聚合釜防爆监控。

PVA车间聚合釜曾因工艺设备故障等原因（如缺料、泵停转）造成液位及压力剧升，先后3次发生重大事故，结果防爆膜爆破，黏稠热物料外喷，生产中断，造成数万元损失，还威胁人身安全。由于单纯仪表不能实时监督，其上、下限报警缺乏综合分析能力，而这点YJ-1机能做到。

我被调到YJ-1机负责聚合釜防爆监控工作，从头学习硬件，很快就把输入、输出各通道的逻辑图熟悉、掌握。接着和现场变送器信号连接。原设计的场效应管无触点开关与现场变送器输出信号不匹配，信号无法引入。还好备有64点干管开关的模入点。我对模入通道逻辑图进行修改，把现场模拟信号引入机器。监控应用需将搅拌机和泵马达的电流值引入，我们自制马达电流变送器，解决信号引入。接着安装转换器，把监控所需的压力、液位等信号引进，硬件准备工作完成。

为了设计和编写监控应用程序，从头开始学习程序。花了几个月终于把程序读懂。刚开始觉得很难，一天读不了几条指令，经过努力，慢慢入门，速度也快了。理清思路后，觉得程序太奇妙，就靠0和1组成的机器码，编出程序竟能干出这样的活，把计算机各部分、各设备统一管理，有条不紊进行工作。

YJ-1机的主控程序是东北自动化所宋国宁设计、编写。他是这方面专家，这套主控程序在YJ-1机上运行多年，功能齐全。在使用过程中没发现因主控程序原因而出现的停机、设备之间打架现象。

　　YJ-1机的主控程序运行完全没问题。从阅读程序可看出，程序在调试过程中曾做过多次修改。因其中多处用到"必转"指令，转到其他地址编程序，再"必转"回原地址，等于从中间插入一段程序。为阅读方便，我学着把程序"理直"，这样做的困难是整个程序的地址大部分要改变，要重新输入，工作量很大。且只有读懂并理解，程序中许多指令相应的相对地址也要做改变，只要错一个，整个程序就转不起来。这也等于对我学习程序的考试。结果成功了，我"理直"的主控程序运行正常。在此基础上，我又试着学编几个像数制转换的子程序加入主控程序里运行，这些子程序都能被调出正常运行。

　　之后，我着手设计和编写聚合釜防爆监控程序，根据生产工艺要求，利用计算机综合分析能力，把监控程序报警分为三级四类，表示不同程度的报警级别，提醒工艺操作人员。监控程序经过输入、调试，运行完全符合设计要求。1980年底投入运行，能做到即时报警，达到防止事故的目的。YJ-1机一直运行到1983年用单板机-微机系统代替。

二、单板机-微机控制系统

　　1983年，和北京自动化研究所合作，由该所按YJ-1机监控内容制作单板机-微机控制系统代替YJ-1机。该机经调试顺利投入运行。该机体积小，运行可靠，直接放在控制室里，监控报警及打印，工艺操作人员马上能知道，工艺师傅十分欢迎，效果很好。

　　该系统是用汇编语言编写的，写入EPROM里。我又开始学习汇编语言，消化此系统的主控程序和应用程序。接着对监控方案进行改进，自行编写应用程序，对报警方式及报警打印内容进行改进，提高监控水平。自聚合釜采用计算机防爆监控后，再没出现防爆膜爆破的事故。

三、可编程调节器SLPC

　　1984年，我厂对原树脂浓度-黏度-温度调节系统进行改造。树脂浓度-黏度-温度关系是一组曲线簇，可回归为一个二次方程表达式。为了通过黏度变送器测出的黏度加上温度补偿算出树脂浓度，原调节系统采用多个模拟运算器组成的电路进行模拟演算。这种通过专门为用户量身定做的硬件来实现调节盐酸过程需用三台专用仪表。这种方法，硬件电子线路复杂，精度低，设备庞大，维修、调整几乎不可能。采用可编程调节器 SLPC 则可用软件编程来实现此功能。

车间主任乐嘉谦和技术组黄稚明负责整个改造项目，我负责 SLPC 编程。这实际是用 SLPC 提供的编程语句解一个二次方程式，关键是计算和选取。编程后写入 EPROM 里，经过调校合格后投入运行，一次成功。后又为兄弟厂相同改造项目编写程序。当时若买日本编写的 EPROM 要花一千多美元。我还对一用户进行指导，让他们自己编写程序。

四、微机与 PLC 系统

1989～1990 年，北京有机化工厂仪表车间技术组长孙德余承包亚运会配套工程——北小河污水处理厂自控仪表安装。采用北京众友公司研制的微机数据采集及 CRT 显示装置。我负责现场信号和微机装置连续 CRT 流程显示图设计、整机调试及试车，并负责用 PLC 对污水厂进水泵、刮泥机、污泥泵等设备全流程顺序控制编程。用的是富士 T40 可编程逻辑控制器，采用梯形图编程。

在编程时，采用断点保护措施，取得满意效果。有些顺序控制编程没有考虑断点保护，当 PLC 出现故障，重新恢复或开机时，PLC 程序只能从头开始运行。但这时有些设备却停在某个中间位置，必须人为把这些设备拉回初始位置，这给自动控制打了折扣。一般的控制计算机，编一个断点保护程序不难，但 PLC 采用的是梯形图编程，要实现这个功能不容易。我设计多种方案进行模拟实验，最后解决了这个问题。

为保证设计的梯形图功能稳定可靠，我找一些小开关和继电器搭成电路，模仿设备运行状态，对梯形图功能进行仿真调试、考核，直到能达到设计要求。由于事先充分调试，程序写入 WPROM 一次成功。PLC 长期连续运转，只要一开机，不管各被控设备处于任何状态，都能按原设计流程从断点继续下去。这是我最满意的编程之一。

亚运会开幕前，北小河污水处理厂进行运行剪彩仪式。当时负责亚运工程的副市长到厂剪彩并宣布，北小河污水厂是国内第一个用微机显示、控制的高水平污水处理厂。

五、日本横河公司 YEWPACK-Ⅱ DCS 系统

1985年，考虑到TQ-1机已运行近20年，已陈旧，维修量大，想用日本横河YEWPACK-Ⅱ中小规模DCS代替。但当时外汇申请很难。后来打听到化工部进口了两套YEWPACK-Ⅱ系统，一套给兰州自动化所做研究用，另一套还没有主，用人民币支付就行。我们马上找到化工部申请，争取到这套DCS系统。

当时有两种方案：一种是组态编程由横河公司全包。这种方案费用高，但省心。另一种方案由我们全包，自行硬件安装，软件生产，组态编程，联调，开车。这种方案省钱，但工作量大，担风险。我们采用了后一种方案。

我花大量时间消化YEWPACK-Ⅱ各种资料及说明书，参加技术讲座及培训。对任何一个不清楚的问题从不放过。定下机器后，横河公司派人给用户上课，我不放过机会提问题。有一次提出一个问题，日本人渡边先生答不上，但他表示一定查一查资料或向公司询问后给我答复，当时中方翻译艾先生说：办了多期学习班，就你这个问题，渡边先生卡壳了。这个问题也不是什么很高深的，但却是组态中必须用到的问题。

1986年11月，北京有机化工厂和兰州自动化所各派两人，在兰州自动化所胡有光所长（兼翻译）带领下，到日本横河公司参加应用软件组态编程及联机调试验收。出国前，我把各种组态表格填好并反复检查，不放过任何一个细节。在横河公司调试室里，从上班到下班，整整敲了十天的键盘，才把组态数据全部输入机器，并且一开机，立即正常运行，各输入、输出信号正常，显示画面、操作也正常，一次调试成功。

YEWPACK-Ⅱ于1987年5月安装、调试，代替TQ-1机控制合成Ⅲ系列装置，一次开车成功。YEWPACK-Ⅱ运行一直很正常，几乎没出什么毛病，效果显著，工人很满意，一直用到1994年由国产化的乙烯法6.6万吨VAC装置代替。YEWPACK-Ⅱ DCS虽是中小规模DCS系统，但其提供的运算控制单元却很丰富，其中包括纯滞后时间补偿单元等。

我厂YEWPACK-Ⅱ控制的合成反应器中部温度是决定产品产量、质量及触媒使用寿命的关键参数。反应器中温度控制主要依靠进入反应器

内部列管中的冷却水流量来控制。由于合成反应器体积庞大，时间常数及纯滞后较大，因此按常规，反应器中温度控制采用冷却水流量串级控制系统。我开始也是按中温与冷却水流量串级控制组态，运行效果一般，能满足生产要求。

YEWPACK-Ⅱ的运算单元里有现成的纯滞后时间补偿单元DLAY-C，可以很容易组态成带Smith补偿的串级调节系统。我也试过用此组态来控制反应器中温，带Smith补偿的中温串级调节系统也一样能正常运转，效果也可以，如果花时间，通过现场不断调试，找出更合适的GAIN、TI、I参数，效果会更好。

上面的中温控制还和汽包压力控制和反应器入口气体预热器的加热蒸汽量大小有关，单靠串级控制，在有干扰情况下有时达不到要求，这时，操作人员就要凭经验，适当手动调整压力调节的给定值，或改变预热器加热蒸汽大小来辅助控制反应器中部温度。此时的手动控制策略是通过长期观察、学习、推理、试验和经验积累而成的，很难用传统数学表达式描述。

我参考模糊控制的资料，根据操作人员的经验，分别设计了两个模糊控制器，最后落实在两个模糊控制表上，用YEWPACK-Ⅱ提供的专用过程控制语言编程。模糊控制程序投入运行后，立即按程序设计要求，对汽包压力给定值和加热蒸汽大小进行微调，协助控制中温，模糊控制程序投运成功，效果也不错。

以上两种控制系统的应用，我在1988年写了一篇论文，在北京化工局计算机及工业控制机应用论文发布会获一等奖。

六、美国费希尔公司PROVOX DCS系统

1991年，我参加北京乙烯工程有机化工厂分指挥部成套引进EVA树脂装置技术谈判，对方分别有日本、意大利、德国。最后采用意大利埃尼化学公司的EVA树脂装置。1992年4月，项目组团出国设计联络。人员有：北京有机化工厂和中国寰球化学工程公司的领导及各专业代表共十余人。

我们先后到瑞士苏黎世的苏尔寿布克高压压缩机厂、法国埃尼化学

公司、意大利EVA树脂厂参观、考察，与意大利专利商和工程公司人员对EVA装置的仪表技术问题交换意见。此项目选用日本横河的CENTUM DCS系统，我有一定经验，如接手该项目那要轻松多了。

1992年底，分指挥部决定我接手负责承担6.6万吨VAC装置DCS组态设计工作。我和分指挥部签订的协议书规定任务：①系统组态设计及组态输入；②组态调试及完善，包括控制器、控制台、打印报表、流程图、温度补偿、控制运算、报警、PLC通讯、DI/DO等；③与现场仪表联调；④VAC装置试车投产。

VAC装置是我国第一套国产化年产6.6万吨聚醋酸乙烯装置，首次上DCS系统。硬件采用费希尔PROVOX DCS。我接手时DCS已订货。先前我也没参加和费希尔公司的技术交流、谈判，只好从头开始熟悉。经过几个月的学习、消化，对PROVOX系统有了初步了解，也存在许多问题。我感觉光看说明书不行。

按合同，1993年8月要派人到新加坡费希尔DCS组装厂硬件验收及组态编程调试。我想，应在去新加坡前把组态工程师站先弄到手，进行组态实际操作，把不清楚之处记下来，到新加坡再请教。但DCS要去新加坡验收后才能发货，而组态工程师站就是一台普通微机配上费希尔公司PROVOX的组态软件ENVOX，可单独分离出来。我和费希尔公司联系，他们也支持我的想法，配合把组态机先行交付。在国内这事要办很多手续，我跑了北京乙烯工程的分指挥部、总指挥部、进出口公司、财政局及首都机场等，组态机终于在5月到手，我亲自到机场拉回来。

组态机一到，厂里给一间小办公室做临时机房。我按说明书要求，安装ENVOX组态软件，当时用的是甲酸机专用的高密度磁带，装一次ENVOX要十几个小时，下午开始输入，一直到第二天上午才装完。我一夜没敢睡，守着机器。后来费希尔人员告诉我，这机器很好用，输入后你可以不管，锁上门睡觉。但我可不敢，要是碰上什么突发情况，出了问题，我可无法交代。

有了组态机，我夜以继日边输数据边学习。许多疑难问题通过操作就明白了。不明白的问题只能带到新加坡去解决。这种提前做功课效果很好，为以后组态调试成功打下基础。1993年8月我带队，有上海石化设计院2人及北京有机化工厂仪表车间2人，共5人到新加坡费希尔工厂硬件验收及系统组态。

在新加坡，费希尔公司先给我们上培训课，包括硬件和组态编程。接着对硬件验收，主要是输入和输出板的规格和数量。根据经验，输入信号插件板与现场仪表变送器的匹配很容易出问题。我又没参加订货时的技术谈判，所以在核对时，对各插件板的性能、规格特别仔细，并发现了问题：模拟量输入板选用的是带+24V供电的输入板，而现场仪表还设计了配电器供电，两电源就"顶牛"了。若没发现，调试时准会烧坏插件。我打长途电话向厂里汇报，商量解决方案，最后决定把模入板改成无+24V供电的模入板，费希尔也同意。因为此种板使用最多，两板价钱不一样，我们好像吃亏了。但费希尔人解释说，他们是组装工厂。根据用户需求订货，没有多余存货，需要调换还有所花费。

另一个问题是操作站的软件原订的是500点容量版本。这套DCS有两个操作站，每个操作站带2个CRT显示器，两个操作站容量加起来1000点，表面看起来是够的，因这套装置输入输出硬件点数不超过1000点。根据我的经验，这500点不是指硬件点数，在DCS组态里许多中间运算值，及一些虚拟数值都包括其中。我认为容量不够，与费希尔交涉，更换成2000点的版本。这样费希尔亏了些，双方扯平。后来的组态证明500点是不够的，因更换及时，没有影响工作进度。

1993年底至1994年上半年，主要进行DCS组态设计、输入及调试。在组态完成、DCS正常运转后，1994年7月开始和现场仪表信号联调。在进行氧气在线氧含量分析器联调时，两台互为备用的分析器逐一单独输入信号给DCS时都正常，但两台机器同时开时，问题就出来了，输出值就变了。开始我以为是电信号相互干扰，回机房把信号与DCS断开，情况还是没有改变。最后原因是分析器供氮气的管子直径按一台设计，两台同时开就不够用，影响测量，重新配氮气管后问题就解决了。

1994年11月，国产化6.6万吨VAC装置一次试车成功。当产品分析合格后，厂里在VAC控制室举行了简短的庆祝仪式。

作者简介

蔡亚吉，1941年11月生，福建厦门人，教授级高级工程师。1965年7月月毕业于北京化工学院化工仪表及自动化专业。同年8月分配到北京有机化工厂直至退休。1987年获北京市微电子技术应用先进个人。1989年，"醋酸乙烯合成三列YEWPACK集散系统应用技术"获北京市科技进步三等奖。1997年，"年产6.6万吨乙烯法醋酸乙烯成套生产技术"获中石化总公司科技进步一等奖。1994年获北京市工业企业优秀科技人员一等奖。1995年获北京市劳动规范称号。曾被聘为北京市工程系列化学工程高级评审委员会答辩（评议）组成员。

防爆仪器仪表试验室建立

胡富民

一、背景

20世纪50～60年代，工业过程自动控制系统主要还是电动单元组合仪表（DDZ）和气动单元组合仪表唱主角。到了70年代，随着世界工业向现代化和规模化发展，特别在70年代初我国引进10套30万吨乙烯装置，其自动控制系统正广泛采用可编程序控制器（PLC）和分散型集中计算机控制系统（DCS），同时现场检测一次仪表基本淘汰了频率响应低、反应速度慢的气动仪表。气动仪表唯一的优势不产生电火花，可以直接应用在石油化工爆炸危险环境的特点，也被新型防爆型电动仪表替代了。

为向世界先进防爆技术学习，为将来大量维修、保养、更新替换做好准备工作，仪器仪表行业制造企业开始研制电动防爆型仪表，来适应现代化的需要。作为原属机械工业部的上海工业自动化仪表研究所必须做好行业领头羊。"工欲善其事，必先利其器"，认识到研制发展防爆仪表，必须先要有检测手段，应建造一个完整先进的防爆仪器仪表试验室。当时所领导非常重视，组织科技力量，腾出土地准备建造，同时也得到原机械工业部仪器仪表工业局的大力支持，下拨科研经费和立项"防爆仪器仪表试验室"课题。我国第一座防爆仪器仪表试验室，从1980年开始筹建。

防爆仪器仪表试验室，实际上是一个环境适应性试验，检测检验仪器仪表在此环境下能否适应工业爆炸性环境的使用。它不同于气候环境适应性，除了仪器仪表在此环境下能正常工作，更重要的是仪器仪表在正常工作和故障状态下产生的电气火花不能点燃工业爆炸性环境。

什么是工业爆炸性环境？以石油化工生产为例，原料为石油，产品有汽油、煤油、柴油、乙烯、丙烯、丁烯、丙烷、苯等。原料和部分产品都是可燃性液体，环境温度或加工温度影响都会蒸发为可燃蒸气，有的直接是可燃性气体，原则上这些原料和产品都该存放在密闭容器和反应釜及管道中。由于生产工艺过程需要输送、开闭、加压及搅拌，就会用到泵、阀门、压缩机及搅拌器等动态器具设备。这些动态器具设备虽有一定的密封指标性能，但要做到绝对密封是非常困难的，所以有可能向设备外部泄漏，一旦泄漏就与外部的空气混合形成爆炸性混合物，泄漏点的周围环境就称为爆炸性环境。

由于爆炸性混合物存在环境的空间无边缘，所以一旦发生爆炸，会连续发生多次爆炸，危害性极大。而在石油化工环境用的照明灯具、开关、按钮、电机、检测仪表等电气设备都存在电气火花，从而提出了电气设备的防爆要求。据全球统计，此类爆炸占石油化工行业爆炸事故的85%以上，而化工反应装置和设备发生爆炸的仅占10%左右，化工原料储存发生爆炸的仅占5%左右。

石油化工生产尽量配备泄漏少的优质设备，同时还规定一二年间要进行大修，解决泄漏量问题。为保证安全生产，国家标准GB 50058"爆炸危险环境电力装置设计规范"要求，根据设备的释放源级别、位置和释放频繁程度及持续时间长短，将爆炸性气体环境划分成0级、1级、2级危险区域。然后根据释放源释放出来的可燃性物质，按国家标准GB 3836"爆炸性环境用电气设备"要求，将释放物质按最大试验间隙（MESG）、最小点燃电流比（MICR）和引燃温度分为不同的类、级、组别（表1）。

由于爆炸性气体环境0级区域，是可燃性物质连续释放或预计会长期释放的区域，所以危险性很大，必须使用安全可靠性最高的本质安全型ia等级的防爆型式。所以GB 50058标准也规定了不同爆炸危险区域应选用什么防爆型式的要求。

防爆型式有本质安全型、隔爆型、增安型、正压型、油浸型、充砂型、浇封型、无火花型等（表2），其中本质安全型、隔爆型要做爆炸试验，应由防爆仪器仪表试验室配备相应的设备，专门检测检验，其他各防爆型式按GB 3836标准规定，可用研究所的环境试验室和其他电气通用试验来完成。

二、防爆仪器仪表试验室

（一）试验室建筑物概况

防爆仪器仪表试验室（图1）建在研究所大院内，按建筑防火设计规范，建筑物属于甲类火灾危险性，要求建筑物耐火等级高，且要求一定的泄爆面积，不能用其他试验室改造，也不能建在其他大楼内，必须

表1 爆炸性气体、蒸汽分类、分级、分组举例表

类和级	最大试验安全间隙（MESG）/mm	最小点燃电流比 MICR	引燃温度（℃）与组别					
			T1	T2	T3	T4	T5	T6
			T>450	450≥T>300	300≥T>200	200≥T>135	135≥T>100	100≥T>85
Ⅰ	1.14	1.0	甲烷					
ⅡA	0.9<MESG<1.4	0.8<MICR<1.0	乙烷、丙烷、丙酮、苯乙烯、氯乙烯、氯苯、甲苯、苯、氨、甲醇、一氧化碳、乙酸乙酯、乙酸	丁烷、乙醇、丙烯、丁醇、乙酸乙酯、乙酸戊酯、乙酸酐、氯乙烯	戊烷、己烷、庚烷、葵烷、辛烷、汽油、硫化氢、环己烷	乙醚、乙醛		亚硝酸乙酯
ⅡB	0.5<MESG≤0.9	0.45<MICR≤0.8	二甲醚、民用煤气、环丙烷	环氧乙烷、环氧丙烷、丁二烯、乙烯	异戊二烯、四氢呋喃	二乙醚、四氯乙烯		
ⅡC	MESG≤0.5	MICR≤0.45	水煤气、氢	乙炔			二硫化碳	硝酸乙酯

表2 防爆电气设备防爆型式选用要求

爆炸危险区域	防爆电气设备防爆型式	符号
0区	本质安全型ia等级	ia
	特殊型S0	S0
1区	本质安全型ia和ib等级	ia和ib
	隔爆型	d
	增安型（填用）	e
	正压型	P
	油浸型	O
	充砂型	q
	浇封型	m
	特殊型S1	S1
2区	无火花型	n
	增安型	e
	适用于1区的防爆型	

单独建造。当时决定选址研究所唯一篮球场区域空地，并占用部分篮球场地，同时由于研究所地域属上海县管辖，此类建筑审批权限不能超过100m²。所以试验室内部布置只能按20m×5m的规定设计了控制室、耐压爆炸试验室、本质安全火花试验室、试验气体配气室2间、气瓶储存室3间、真空泵房等共9间，其中压缩空气由研究所供给。

图1 防爆仪器仪表试验室

建筑物采用钢筋混凝土结构，厚300mm，耐火等级4级，屋顶采用轻质彩钢板，室内有强制机械通风机和自然通风，确保通风良好，防雷、防静电，专用接地，环绕试验室四周埋四个接地装置。

（二）设备概况

1. 试验气体配气装置

防爆仪器仪表试验室要模拟工业爆炸性环境，必须要配制可燃气体与空气的混合物。

试验用气体是甲烷、丙烷、乙烯、氢、乙炔等可燃性气体，在常压下与空气混合物的浓度（体积比）百分比，也是IEC标准的要求。但与原国家标准GB 1336—77"防爆电气设备制造检验规程"要求的试验气体相比较，明显前者提出了配气浓度的精度要求，而且精度还比较高，目的为了试验的公正性和正确性，确保防爆电气设备的安全可靠。

本试验室在建造时，GB 1336—77标准还在使用期间，就是废止后还有三年的过渡时间。本试验室在开题时，就决定采用先进的国际IEC标准，也是后来被等同的GB 3836标准，所以本试验室制定的技术指标是国内领先水平。

配气方法：经当时调研，国内外主要有三种方法，即分压法（压力法）、定量法（流量法）和质量法（称重法）。

分压法是把体积百分比浓度转换成压力百分比。如果需要在一个容器中配制，则先将容器中的空气抽真空，然后将需配制的可燃气体按百分数充入，再充入空气到一个大气压。若需增加配气混合气的储存量，除增大容器的容积，也可不改变容积的大小，增加压力来储存。此方法简单，设备资金投入量少，操作也方便。由于可燃气体与空气的密度相差甚远，特别是氢气，所以混合均匀性很差，影响配气精度。另外，由于配气用量很大，一般都要增加压力配气和储存，压力要在1.5MPa以上，当容器中存在杂质（如铁屑等）或产生静电等，很容易引起爆炸事故，国内外都有相应报道。特别是本试验室建在研究所院内，科研人员和精密仪器甚多，不宜采用此方法。

定量法是动态配气方法，边配制边使用，不储存爆炸性混合物，所以安全性非常高。另外，在配气输出端设置了一个气体分析仪，始终监测输出的浓度，若有偏差则自动调节输入端，最终达到输入两个气体的稳压、恒流状态，并且同时进入一个0.03L的圆柱体容器中混合输出。本试验室用此方法满足了试验气体的精度要求，如图2所示。

图2 防爆仪器仪表试验室自动配气装置

质量法是将体积百分比浓度换算成两物质的质量，然后用高精度天平称，先后在一个容器中称出两物质的量，虽然精度非常高，但是设备投入费用偏高，而且需要进口天平秤，在本试验室实用性很差。

2.本质安全型火花试验装置

20世纪50年代初，世界先进国家开始研究本质安全型电路和电气设备的防爆技术,苏联称安全火花型,顾名思义就是这个电气火花可以存在,但它不会点燃爆炸性混合物,爆炸性环境就安全了。在国标GB 3836.4标准中是这样定义:在规定的试验条件下,产生的任何电火花或任何热效应应均不能点燃规定的爆炸性气体环境的电路和电气设备。这里规定的试验装置,由于结构型式不同,使用的材质不同,电极形状不同,转速不同,造成接点闭合与开断速度不一致,最终造成各国试验后得到的最小点燃电流差异较大,影响了判断结果。当时IEC提出各国的火花试验装置应统一,并建议以德国联邦物理技术研究院(PTB)的火花试验装置为参考进行对比,结果各国一致认为PTB火花试验装置精度好,而且稳定可靠。本试验室借此机遇,设计了火花试验装置(图3)。

图3 防爆仪器仪表试验的火花试验装置

火花试验装置是一个最小点燃能量的基准装置,它规定了各个防爆等级用的试验气体。将规定的标定电路输出的能量(即最小点燃能量,如表3所示)点燃,然后断开标定电路,转换被需试验的本质安全型电路对比,如果也被点燃,说明被试验电路产生的能量大于或等于规定的最小点燃能量,判定不符合本质安全电路要求。反之判定合格。

(1)结构要求

爆炸容器内设置可转动的接点机构来产生电火花。为保证充入的试验气体精度,必须先抽尽容器内的空气到400Pa,再充入试验气体到1个大气压,同时为保证接点机构转动时试验气体不泄漏,要求容器密封度应达0.15MPa。当容器爆炸时,应达1.5MPa的耐压强度要求。爆炸容器容积为250cm^3,罩的材质选用透明丙烯酸酯,厚10mm。

接点机构由极握和4根钨针与镉电极盘组成,它们是一对电极,在

表3　标定电路的最小点燃电流值

电路、电极材质 类、级、组别	电感电路/mA		电阻电路/A	
	镉盘	其他材质盘	镉盘	其他材质盘
Ⅰ	110	160	1.5	3.60
ⅡA	100	125	1.0	2.75
ⅡB	65	100	0.7	2.00
ⅡC	30	52	0.3	1.65

规定的试验气体中转动产生短路和开路火花，此火花能否点燃试验气体，是考核本质安全型电路的标准。一个电极由边长50mm的正方形黄铜制成极握，每个边上安装一个接触支持器，接触支持器用来夹紧直径ϕ0.2mm的钨针，另一个电极是由直径ϕ30mm表面带有两道平行凹槽的圆盘，圆盘材质为金属镉，极握和圆盘的两轴与爆炸容器的底板是绝缘的，两轴之间由齿轮拖动，点燃电流是通过两轴上的接电流处引入和导出，极握的转动由带减速器的电机拖动，极握轴的转速为80r/min，圆盘由拖动齿轮带动反向旋转，速率比为50:12，同时圆盘转速为19r/min，极握每转一圈，平均有8个短路或开路电火花，并要求接点短路时$L<3\mu H$，$R<0.15\Omega$，接点开路时$C<30pF$。

爆炸压力信号由压力传感器采信，当爆炸容器中试验气体被点燃发生爆炸时，压力传感器输出信号经放大、控制，拖动电机停转，同时计数器停止计数，则火花试验结束。

（2）火花试验装置的标定和本质安全型电路火花试验

做本质安全型电路火花试验前，必须对火花试验装置灵敏度标定。标定开始，主电极在400转内（约3200个火花）必须点燃爆炸容器内的气体，则认为火花试验装置灵敏度标定合格，然后方可进入被试的本质安全型电路试验。

试验分直流电路和交流电路。对本质安全型直流电路，主电极每个极性各转200转，约3200个电火花，点燃爆炸容器中的试验气体，则被试电路判定不合格。若未点燃试验气体，则立即撤去被试电路，再引入标定电路，应在主电极400转内点燃试验气体，则可判定被试电路合格。如果主电极400转内未点燃试验气体，则宣告本次试验无效。对于交流电路，主电极转1000转，约8000个电火花，判定方法相同直流电路。

3.耐压防爆试验装置

GB 3836.2标准对隔爆型电气设备的定义，是隔爆型电气设备要有一个或几个隔爆外壳，当外壳内部存在爆炸性混合气体发生爆炸时，外壳应能承受其爆炸压力，而且不会引起外壳外部爆炸性混合物气体被点燃的构造。本试验装置的目的是检测隔爆型电气设备的爆炸压力值，然后增加1.5倍的安全系数再考核隔爆外壳的耐压强度性能，另外要考核隔爆外壳内部爆炸不能点燃外部爆炸性混合物的性能。

① 耐压强度试验根据GB 3836.2标准要求，分参考压力值测定和耐压强度试验两个步骤，每个隔爆外壳（空腔）需单独进行。

按不同防爆等级试件，试验气体充进隔爆外壳空腔里，然后将已安装在隔爆外壳上的电火花塞点火，并记录隔爆外壳内的爆炸压力值，防爆等级为Ⅰ、ⅡA、ⅡB等级的试件，每个隔爆外壳应连续做3次，选其中最大的爆炸压力值为参考压力值。防爆等级为ⅡC等级的试件应氢气和乙炔试验气体各做5次，选其中最大的爆炸压力值为参考压力值。

对已测得参考压力值的试件，利用提高试验气体初始压力方法增加安全系数，进行耐压强度试验。必须测到爆炸压力是参考压力的1.5倍值时，试验才能通过，试验后试件不能有损坏或永久性变形，才能判定合格。

② 隔爆（传爆）性能试验。应在耐压强度试验合格后，用同一试件进行，试验时应在试件内和外（即耐压爆炸试验槽）都充入标准要求的试验气体。然后在每个隔爆外壳内点燃10次重复试验，每次不能将试件内部的爆炸传到外部引起爆炸，判定为合格。

③ 本试验室设计耐压防爆试验装置的规格。耐压爆炸试验槽（图4）有2个。小型槽$\phi 450\times 600$，设计压力4MPa，可快速自动和手动开闭密封型槽。中型槽$\phi 1200\times 1500$，设计压力4MPa，可快速自动和手动开闭密封型槽。真空泵：旋转式、交流380V，1.5kW，最大排气量1250L/min。点火装置：内燃机点火塞。压力测量：进口石英晶体压力传感器、电荷放大器、储存示波器系统。配气方式：定量法配气装置，全自动充入试件和试验槽。

④ 氢-空气混合物的爆炸特性。基于装置的安全对策要进行爆炸试验，应了解常用氢和空气组成混合物的爆炸特性。可燃性气体混合物的爆炸极限都受初始压力、温度、湿度等影响，在一个大气压、常温下氢和空气混合物爆炸下限4%，上限75%，爆炸极限4%～75%。爆炸压力

图 4 耐压爆炸试验槽

受种种因素影响,特别是氢浓度和初压的影响最大。爆炸后的最高压力 p_e 和初压 p_1 的比称为爆炸压力比 p_e/p_1,当氢浓度一定时,爆炸压力比也一定,爆炸压力比在氢浓度为 32% 时最大,约 0.75MPa。

三、防爆仪器仪表试验室安全性保证

由于试验室设备处于危险性大的爆炸性混合物气体之中,因此除强制执行操作规程外,还应特别重视安全性的设计。

① 装置、设备按功能不同在各自的房间内安装,可燃性气体钢瓶应单独储存,以免产生事故引起二次性灾害。

② 考虑到万一发生爆炸时的安全性,房顶用轻质彩钢板敷设,且做成倾斜,以防止室内气体滞留,墙用钢筋混凝土厚度达 300mm。设计应得到公安消防主管部门审批才能建造,验收后应备案。

③ 各个房间内设有强制通风或自然通风口。

④ 混合气体和废气等给排气阀都采用气动薄膜调节阀远距离操作,而压力测量采用隔膜式压力表显示。

⑤ 操作室用钢筋混凝土墙隔离,而且可燃性气体和混合气体的配管不能引入。

⑥ 点火装置有联锁电路,试件前后给排气阀和试验槽盖打开时不能点火,防止误操作引起点火,而发生事故。

⑦ 在混合气体(试验气体)的给排气管线中设有火焰消除装置(阻火器)、逆止阀,以防止由于逆火等原因引起配气装置、真空泵侧的意外

爆炸。

⑧ 配气装置采取定量法配气，现配现用，不储存混合物气体，确保安全。

⑨ 未燃烧的混合气体，用低于0.15MPa的空气压送排入大气。

⑩ 各装置设备和管线均应可靠接地，接地电阻小于1Ω。

⑪ 本试验室的使用和管理上明确规定管理组织体系和使用标准，以保证设备使用者及周围人员的安全，并制定有试验室管理手册、操作规程、定期检验程序和应急措施预案。

后记

防爆仪器仪表试验室于1984年底全部完成建设，当时由于外协加工耐压爆炸试验槽时，属于三类爆炸压力容器，在设计、制造、审查等方面要求非常复杂和严格，由于缺乏此方面的经验而影响了进度。建设完成后由机械工业部组织召开科研鉴定会。鉴定结论：各项技术指标达到IEC标准规定要求，技术水平属国内领先。然后由机械工业部仪器仪表工业总局向国家主管安全部门原国家劳动人事部申请防爆仪器仪表安全监督检验授权工作，经过劳动人事部多次对本试验室在技术力量、检测手段和管理制度的认真审查，最终于1986年2月按劳人护局[1986]2号和22号文，正式将本所"防爆仪器仪表试验室"任命为"国家级仪器仪表防爆安全监督检验站"，可行使对仪器仪表产品的防爆安全监督和检验权力。

"国家级仪器仪表防爆安全监督检验站"任命至今已有三十余年的工作历程和发展，主要取得了如下业绩。

① 1989年12月，"防爆仪器仪表试验室"科研成果获机械电子工业部科学技术进步三等奖。

② 在国家"八五"期间，完成"八五"科技攻关项目，其中"防爆安全栅测试技术研究"于1995年12月获机械工业部科学技术进步二等奖。另外，"本安防爆设计曲线及防爆系统设计研究"获机械工业部科学技术进步一等奖。

③ 1991年，与美国工厂联合会（FMRC）在美国签订"在防爆产品试验与认证技术领域达成试验结果双边互认"合作协议。

④ 1997年，与德国联邦物理技术研究院在上海签订"防爆试验结果双边互认"合作协议。

⑤ 2005年，正式被国际电工委员会IEC Ex实验室接纳。

⑥ 1992年，召开"中美防爆技术研讨会"。1994年，召开"中英防爆技术研讨会"。1997年，召开"中德防爆技术研讨会"。每次研讨会全国各化工设计院和工厂及防爆产品制造厂等均有100多个单位和150多人次参加。

⑦ 防爆仪器仪表试验室从开始筹建的4人已发展到30余人，检测产值从每年几十万元到三千多万元，达到可观的经济和社会效益。

作者简介

胡富民，1942年1月生，浙江鄞县人。1965年毕业于上海机械学院（现上海理工大学）热工仪表与自动装置专业，分配到机械工业部上海热工仪表研究所（现上海工业自动化仪表研究院）气动室工作。1980年负责设计建设"防爆仪器仪表试验室"，长期从事电气仪表防爆技术工作，任副站长、站长、高级工程师，享受国务院政府特殊津贴。曾获机械工业部科技进步一、二、三等奖各一项，获国家计委、科委、财政部联合颁发国家"八五"科技攻关中做出突出贡献先进个人荣誉证书。

飛鴻踏雪泥

大路蹄痕（工程篇）

816地下核工程成群流量仪表研制回顾

卢国伟 蔡武昌

2018年1月28日,署名大国风云(微信号dgfy 01)发布题为《中国最神秘工程曝光:代号816工程重要性超过三峡,却鲜为人知》的报道。816地下核工程是我国自行设计、建设的原子弹核裂变核心材料钚239的第二个生产基地。工程于1967年2月开工,耗时18年,于1984年停建,已完成建筑工程量80%,安装工程量60%,未进行生产,所以无核辐射。

该工程总投资7.4亿元,现值超千亿元。816工程位于重庆市主城东130公里的涪陵区,长江支流乌江白涛镇金子山。整个工程就在此山的山洞中,山洞又高又大又深,经专家考证,确认为世界上第一大人工洞体,其挖出的石方量高达151万立方米,若将这些石渣建成宽、高各1米的石墙,可长达1500公里。

图1 816地下核工程进洞口

816核工程于2002年解密,重庆市政府于2010年8月24日立为"重庆市文物保护单位——816工程遗址",现辟为旅游景点,洞口有醒目的、颇大的"816地下核工程"标志(图1),进洞口有一条400米长可并排通行两辆轿车宽度的主隧道。据介绍,还有18个洞口已封闭,洞中导洞、支洞隧道共有130余条，开放参观面积仅为总面积的十分之一。工程洞体上、下共有12层，高度近80米，深入乌江江底30余米，其中核心区是三楼反应堆锅底，八楼为反应堆大厅，九楼为中央控制室。

图2　中央控制室

在中央控制室，可见到密密麻麻排列在四周仪表盘上的仪表，其数量在图片所见范围内约有千余台（图2）。其中有一放大的显示仪表图（图3），可以明显地看到表盘面板上有"上海光华仪表厂"（简称"光华厂"）字样，这勾起了我们已沉睡40多年的记忆，这是光华厂于20世纪70年代初为816工程专门研制的显示仪表，它与流量检测仪表配套，用来测量核反应堆每根工艺管冷却剂的流量，以保证核反应堆经济地、安全地运行。因为数量较多，有2000多套，故称成群流量仪表。

图3　流量显示仪表

显示仪表是 XWF 型自动电位差计，显示流量范围有 0～8m³/h 等几种，由于是用差压法检测流量的，所以面板为非均匀刻度；仪表除显示瞬时流量外，还有可调节的三点四区间的报警功能，分别表示所测流量过低、偏低、正常或过高，以提醒操作人员注意。与显示仪表配套的检测仪表是 CM-2 型膜片式差压变送器，其作用是工艺管冷却剂的流量经节流式检测元件转换成差压，使膜片位移，再经差动变压器转换成电信号送至显示仪表。该成群流量仪表系统还配有当时最先进的计算机，巡回检测，以实现自动化管理。可惜，这套系统并未使用过。

实际上，在此之前，20世纪60年代后期，光华厂已为第一个生产基地 821 工程生产了一套成群流量仪表，也是用来测量核反应堆工艺管冷却剂流量的，数量也有 2000 多套。这套流量仪表使用多年，长期经受核辐射，仍保持良好的性能，颇受好评。检测仪表是 CM-1 型差压变送器，其采用的测压传感元件是金属波纹膜盒所组成的高压、低压两个腔体，当压力输入时，高压腔中的膜盒受压，将其中充灌的液体压至低压腔中的膜盒，使其膨胀，带动相连的差动变压器线圈中间的铁芯移动，转换成相应的电信号，传送至显示仪表。

为了得到良好的性能，我们对膜盒的材质、尺寸、波纹形状、焊接、热处理和充灌液体等进行了大量的摸索、试验，在两年时间内，从试制到生产，完成了 821 工程所需的 2000 多套的任务。XCP 型显示仪表有回转 270°的表盘，显示瞬时流量，比较清晰。

816 工程成群流量仪表是在吸收 821 工程成群流量仪表经验的基础上作了改进提高，因为要进入山洞，要求缩小体积，所以 CM-2 型差压变送器的差压检测元件——波纹膜盒改成体积较小的波纹膜片；显示仪表则开发 XCP 型自动电位差计，体积也比 XCP 型转盘式差动仪小。

后记

研制、生产这两套仪表是三四十年前的事，有些细节已淡忘。曾参与试制、生产及现场调试的汪羞成、倪金樑、郑跃邦和糜福根等同仁共同回忆，为完成此稿作出了贡献，在此谨向他们致以谢意！

作者简介

卢国伟，1935年11月生，江苏人。1958年毕业于浙江大学机械系，研究员级高级工程师，中国仪器仪表行业协会流量仪表专业委员会顾问，曾任上海光华仪表厂副总工程师。荣获上海市仪表电信局先进工作者，获国家科技进步三等奖，多次获核工业部科技进步二等、三等奖。

蔡武昌，1929年4月生，上海人，教授级高级工程师。1951年毕业于上海大同大学电机系，原上海光华仪表厂总工程师，长期从事流量测量仪表的生产技术研究和开发。曾发表流量测控方面论文几十篇，获技术专利发明二项，主编（合著）《流量测量方法和仪表选用》《电磁流量计》等专业技术工具书四本。

浙江大学控制学科（化自）发展概要

范菊芬

一、顺应国家需要，创建化自专业

20世纪50年代，中华人民共和国成立不久，国内教育、工业、经济等百业待兴。教育上不仅需要扫除文盲，普及初等教育，更需要高等教育为国家建设输送大量的管理和技术人才。1951年2月中旬，中央政治局扩大会议讨论"三年准备，十年计划经济建设"的问题。1951年11月3～9日，在北京召开了全国工学院院长会议，拟定了工学院的调整方案，经政务院第113次会议批准。全国院系调整的方针基本参照苏联高等教育模式，以培养工业建设人才和师资为重点，发展专门学院，整顿和加强综合大学，以华北、华东、中南为重点，实行全国一盘棋。经过调整使我国高等教育基本建成具备机械、电机、土木、化工、矿业、冶金、地质等主要工科专业齐全且布局相对合理的体系。在1952年的院系调整中，浙江大学不仅调走了文、理、农、医、法等学院和系科，而且调离了很多著名的教师。

为顺应国家国民经济发展和学校学科的发展，浙江大学在20世纪50年代对现有的机械系、电机系、土木系、化工系下设的学科进行了比较大的调整，以实现自身的发展。当时，教育部根据国内建设的需要，希望浙江大学办一个用俄语译名为"仪表测量与远距离操纵"专业，浙江大学于1954年开始组织化工系和电机系骨干教师成立筹备组，由美国留学回来的化工系副主任（力学专家）王仁东教授任组长，王骥程老师任副组长，开始筹建我国第一个化工自动化专业。1956年教育部将这一专业正式命名为"化工生产的操纵及检验仪器"，简称"化仪"。浙江大学经过王仁东、王骥程、李海青、林新民、王静熙等老师的共同努力，第一届共招生60余名学生（从电机、化工、机械等专业调拨），1956年9月正式开班，专业设置在化工系，该专业是我国在化工自动化领域最早一批设立的专业。

二、肩负历史使命，不断砥砺前行

当时我国的化工自动化是在零基础起步，专业初创时期，无论是学生教材、师资队伍、教学条件，还是仪器设备、实验装置，都是一片空白，一切都是白手起家。在专业创办过程中，任筹备组副组长王骥程老师和其他老师想方设法，聘请校内外学者为新生的"化仪"专业开设专业课，制定"化仪"本科专业的培养计划，自编专业教材，为浙江大学化自专业的发展奠定了坚实的基础。

【课程设置】

专业成立初期，课程设置的指导思想是自动化专业的毕业生应具备三方面的基础知识：一是电机和无线电方面的知识，包括《无线电电子学》《电工基础》《电机及电器》《电工基础实验》四门课程；二是化学工程方面的知识，包括《化工原理》《物理化学》《热力学》《化工原理实验》《化工生产安全》五门课程；三是机械方面的知识，包括《理论力学》《材料力学》《机械零件与精密仪器》三门课程。与专业相关的测量仪表和自动控制方面的课程有《测量仪表》《气动调节器》《电动调节器》《调节原理》《化工自动化》《化工自动化设计》《化工自动化实验》《联锁保护》《文献阅读与检索》。加上大一、大二的基础课程，共有30多门课程。

在培养目标和教学大纲中，当时特别强调教育与劳动相结合，理论与实际相结合，在大学期间（学制为五年）安排三次到企业实习。第一次叫"认识实习"，主要任务是了解工业生产过程的实际情况，特别是化工生产过程，实地了解如何从原料变成产品，时间为二到三周；第二次叫"生产实习"主要是深入工厂生产一线，详细了解各种设备，如何组织生产，有哪些测量和控制设备等，时间为一个月；第三次叫"毕业设计实习"，主要任务是深入了解生产流程，生产过程如何操作，有哪些测量和控制问题，详细记录实习笔记，为毕业设计作一次真实环境下的学习和演练，时间为二个月。

为了贯彻教育与生产劳动相结合的教育理念，加强学生实习教学环节，周春晖、王骥程与其他老师一起，跑遍祖国的大江南北，与当时国内几大化学工业公司，如浙江衢州化工公司、南京化工公司、吉林化工公司、上海炼油厂、杭州民生药厂等建立起长期的合作关系，并将这些企业作为浙大化自专业学生的实习基地。每到实习时间，由老师带队，学生们自带行李下厂,与工人们同吃同住同劳动,在实践中学习,既增长了才干,也为企业解决了很多的技术难题。

【师资队伍建设】

专业成立初期,如何建设师资队伍是摆在筹备组负责人面前的重大问题。在这一时期,王骥程先生根据刘丹校长的意见,想方设法立足国内,放眼国际,努力建设高水平的师资队伍。1957年初,中国科学院、清华大学、东北工学院在北京联合举办了一期面向全国的自动化专业师资进修班,王骥程和李海青老师参加,这也是当时国内为加快培养自动化人才和师资所开展的最有效方法。1957年9月,浙江大学化自专业在培养一支高素质师资队伍方面有了重大进展,除原有老师外,又分配来应届毕业的顾钟文、赵宝珍、沈平、陈鸿琛等,师资队伍壮大不少。1957年夏天,周春晖先生和一大批海外学子一起,放弃了优厚待遇、良好的工作条件,毅然举家回国,参加祖国的第一个五年计划。当时,国内有多家单位都在争抢海外归来的学者,王骥程老师得知消息后,亲自到北京和周春晖先生长谈,并热情邀请周春晖先生到浙江大学工作。在听取王骥程介绍后,周春晖欣然答应到浙江大学任教。周春晖教授在随教育部考察组考察了国内一些企业后,于1958年5月正式加盟浙江大学,并主讲《过程控制原理》课程。1958年专业名称正式确定为"化工自动化",简称"化自",由周春晖教授任教研组主任,王骥程老师任教研组副主任。1962年,周春晖教授任化工系主任,王骥程老师任化自教研室主任。至此在周春晖、王骥程老师的带领下,开启了浙江大学化自专业艰难的创业历程。

这一时期,王骥程先生根据校领导的意见,加强学科的对外交流和合作,聘请苏联专家等各方面的专业人才,以缓解专业创建中的师资问题。1958年9月,格德萨多夫斯基专家夫妇到达,并带来了不少苏联专业的书籍和资料。专家到校后即和系、专业领导讨论教学计划和教学大纲等,并主讲《自动检测及仪表》课程。

【教学与教材】

专业创建初期,化自专业教材非常缺乏。在教学过程中,化自教研室的青年学者们以"如何在工科教育中加强理论联系实际,既要教给学生坚实的理论基础,也要教给学生发现问题的能力和解决实际问题的能力"为核心,在为国家建设"多出人才、出好人才"上走出了一条自己的道路。

教材建设上,教学大纲中规定的基础课由电机系、机械系、化工系老师担任,但"测量和调节仪表""调节原理""化工过程控制原理"和"化工过程控制工程"等专业课的讲授上,可用的师资力量和教材非常短缺,所有这些专业课课程建设全靠教研室老师自己解决。当时老师们抱着力争上游、放眼世界的雄心,利用出差机会想方设法寻找资料,如饥似渴地学习自动化知识,完善自身的知识结构。1958年,周春晖老师的加盟,带来了在美国学习的先进知识、实践经验和珍贵的资料,使教研室的老师学习到许多有关化工自动化和仪表方面的知识和先进的理念。周春晖先生和王骥程先生退休后,留下了许多在当年看来非常珍贵的资料,其中有英文、俄文和日文版的"化工过程动态学建模""化工过程控制工程""过程控制原理""化工过程测量仪表""计算机在工业过程中的应用"等(图1)。

图1 珍贵的资料、书籍

20世纪60年代初期,我国兴办"化工自动化"专业的院校多了起来。为促进各新办专业的快速发展,1962年11月,经国务院批准的"化工自动化专业教材编审小组会议"在浙江大学召开。华东化工学院、天津大学、北京化工学院、北京化工设计院、上海化工研究院等派人参会,会上确定由浙江大学牵头编写统一教材，周春晖教授被指定为专业教材编审组组长。周教授身体力行，集思广益，积极组织校内外专家编写教材，并亲自主笔。

此外，教研室老师还积极参加其他单位组织的教材编写。1961年，由天津大学牵头，浙江大学、华东化工学院等10所高校联合编写了国内第一本统编仪表教材《热工测量仪表》，周春晖和王骥程先生参与编写了"绪论"和"误差理论"中的有关内容，李海青负责编写"液位测量"篇章。1972年4月，由兰州化工设计院自控中心站组织编写《化工测量及调节仪表》丛书，李海青老师参与主编其中的《气动调节仪表》部分。

20世纪70年代后期，在周春晖教授主导下，浙江大学化自团队在工厂中宣传、推广自动化技术和理论，结合实际工作，总结编印了专业资料近十种。其中《化工自动化》《调节器的参数整定及校验》《复杂调节》正式出版，特别是《调节器的参数整定及校验》《复杂调节》这两本书，在技术专著匮乏的年代里，当时最具有理论水平与实际应用背景，受到广大工业控制与仪表工作人员的青睐，并多次作为自动化工程技术人员的提高进修教材和主要参考书。以现在的眼光来看，这两本书也许并不起眼，但在当时，对我国工业自动化水平的提高却有着十分重大的意义。

20世纪80年代，由周春晖教授主编的《过程控制原理》被评为化学工业部优秀教材。为了推动自动化事业的发展，周教授主编了一套《化工自动化丛书》，力求在科普基础上有适度的提高，以供自动化工程技术人员自学和更新知识。这套丛书共计出版26种，在同行中影响很大。90年代，为了满足自动化日益发展的需要，周教授还主编了一本大型的《过程控制手册》，包括工业自动化工作中需要查阅的理论性、技术性及工程性的内容。在数十年的教学工作中，周教授以他渊博的学识，高屋建瓴，随时随地关心着从事自动化工作人员的知识需要，并以最大的热忱，精心编写多种教材和专业书籍，满足了各层次人员的需求。

在大家的共同努力下，浙江大学化工自动化专业发展特别快，教材也几经更新，特别是《化工过程控制原理》和《化工过程控制工程》，成为全国同类专业采用的教科书和工程应用的重要参考书，由王骥程教授主编的《化工过程控制工程》还获得了化学工业部优秀教材一等奖。

【实验室建设】

加强学生对生产现场的了解，培养学生解决生产实际碰到的问题，是大学教育的重要环节。为加强学生动手能力和对过程控制的认识，缩短从课堂到实际的距离，化自教研室的筹建者于1957年就开始建设"化工生产的检查、测量及自动调节实验室"，1964年通过师生们的共同努力，自动化实验室建设初见成效，搭建了液位调节、流量调节、压力调节等实验装置。到20世纪80年代初，建成了包括流量、液面、压力、套管换热、联锁保护、仪表校验等实验装置的实验教学体系，使学生在学习中较好地做到了理论与实践相结合。自动化实验室建成后，国内不少高等院校、企业人员来浙江大学参观交流和学习，在改革开放后成为全国高校自动化专业实验室建设应用的典范。

三、科研求是创新，解决实际问题

在20世纪50～60年代，浙江大学化自教研室的老师们，在忙着建设教育体系、完善师资队伍的同时，积极开展科学研究工作。在第三个五年计划期间，周春晖和王骥程等承担了重大项目"化工动态学及计算机应用"。当时我国工业自动化水平比国外要落后很多，老师们在周春晖、王骥程带领下，勇挑重担，根据国内企业的生产现状，首先开展化工炼油及石油化工生产过程核心对象的动态特性、工业生产过程操作和自动控制系统设计、调节器参数整定等方面的研究。同时，一方面在校内建设液力模拟、换热套管等装置，对这些在化工生产过程经常用到的生产对象进行对象动态学特性的研究；另一方面与上海炼油厂合作，开展对真实生产过程中炼油工业精馏塔的动态特性及计算机控制的实际应用研究（图2）。

在实际生产现场进行研究，要消耗许多物资，当时的条件又没有数字计算机，做不了模拟仿真试验。当时北京无线电一厂生产模拟电子计算机，每台模拟计算机可解六阶微分方程。浙江大学专门向该厂购买了两台六阶电子管模拟计算机和一台九阶半导体晶体管模拟计算机。有了这几台在当时来说的稀罕物件，研究者对上海炼油厂精馏塔上的测试数据进行动态建模，并对精馏塔前馈控制方案与一般单回路控制方案进行仿真模拟试验研究，为上海炼油厂常压精馏装置采用前馈控制方案提供了依据。在这期间，化自教研室的研究者们，写出了"精馏操作自动化进展"文献综述和"蒸馏过程动态特性研究现状"资料综述，发表了

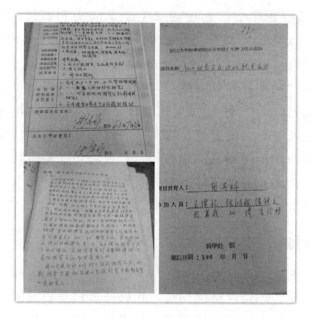

图2　项目工作总结

"套管热交换器流量通道动态特性的研究"和"前馈控制在常压蒸馏装置上的应用问题"等论文报告（图3）。

图3　论文报告

这些综述和报告是第三个五年计划重大项目"化工动态学及计算机应用"的部分成果。这一项目的研究虽然因"文革"而中断了，但项目前期研究过程中，化自教研室理论联系实际、敢为人先的精神，为浙江大学化工自动化专业的发展奠定了的基础，指明了作为科技工作者的老师要勇挑国家重担的方向。

20世纪80年代，吕勇哉教授研究开发的"钢锭轧前过程建模、优化控制和生产调度"取得了具有重要学术和工业应用价值的研究成果，在国际上居于首创地位。吕勇哉教授是浙江大学首届化工自动化专业的毕业生，1961年毕业后留校任教，1963年开始为本科生主讲"化工自动化"课程，1980年晋升副教授并通过中科院考试，作为访问学者赴美国普渡大学"应用控制研究所"开展合作研究，在两年的合作研究期间，成功研发了"基于分布参数移动边界的钢锭坯轧前过程单一数学模型及计算机优化控制系统"，该成果成功应用于美国内陆钢铁（InLand Steel）和共和钢铁（Republic Steel）等公司，节能效果显著，并大大提高了产能和经济效益。回国后，他将在美国首创的钢锭轧前单一数学模型成功地应用于重钢加热炉的优化控制和鞍钢均热炉的优化控制和生产调度。

吕勇哉教授在担任浙江大学工控所所长期间，在周春晖和王骥程老一辈学科带头人支持下，与孙优贤和王树青两位副所长一起，成功地实现了体制改革，建立了一所四室的架构，为学科的拓展和人才的成长创造了良好的条件，并开始申请筹建工业控制技术国家重点实验室。鉴于吕教授在工业过程建模和智能控制领域所取得的突出成就，1996年当选为IFAC主席，1998年当选为IEEE Fellow，并成功地领导举办了IFAC 1999年（北京）世界大会。

20世纪90年代，以孙优贤为核心的新一代化自人，瞄准国家需求，主动对接国家科技发展五年规划，开发新一代自动控制系统，并在国内大型炼钢、石化、造纸企业得到广泛应用。在将科研成果转化为生产力，开展产、学、研相结合的探索中走出了一条新路。20世纪90年代初成功建成工业控制技术国家重点实验室，申请建设具有孵化功能的工业自动化国家工程研究中心。工程中心建成后，依托扎实的学科背景，以"培育一流成果，转化一流技术"为目标，面向技术创新主战场，在技术开发及产业化方面，成功地开发建成了国内第一套造纸机定量水分计算机控制系统，其成本不到同类引进系统的四分之一。此后，孙优贤教授团队又针对不同纸种、不同转速、不同纸机，开发了10多种动态数学模型、新型控制策略，推出了具有不同配置和功能的造纸机计算机控制系统。"八五""九五"期间，孙教授一方面组织人员研制关键造纸专用仪表和设备，开发了几乎包括制浆造纸全流程的蒸煮、漂白、打浆、洗选、造纸、蒸发、燃烧和动力等各个子过程的相应计算机控制系统；另一方面又瞄准"企业综合自动化技术集成系统"这一国际上自动化领域的新课题，在福建青山纸业股份有限公司铺开了"九五"国家科技攻关的战场，项目结束后的验收结论为达到国际先进水平。孙优贤教授本人因突出业绩，1995年被评为中国工程院院士。

20世纪90年代中后期，新一代青年骨干秉承"求是""创新"校训，发扬化自人敢闯敢干、勇于求新的精神，开发了具有国际先进水平并填补国内空白的SUPCON JX系列集散控制系统，解决了可靠性的冗余技术，开创了大型自动化装备的国产化新局面。1993年12月，SUPCON JX-100集散控制系统在衢化集团公司锦轮厂年产6500吨环己酮扩建部分的生产装置上成功投运。这是我国国内第一套具有1∶1热冗余技术的集散控制系统。同时，在国内率先研制出JL系列无纸记录仪；研制了多种现场总线控制技术及智能仪表；开发了综合集成软件（AdvanTrol-PIMS）、优化与先进控制软件包（APC-Suite）等一系列高新技术产品，并形成了产业化，振兴了民族工业自动化。2012年，"工业自动化国家工程研究中心"被评为优秀工程研究中心，同年工程研究团队获国家发改委颁发的重大成就奖，为国家民族工业自动化的振兴作出了重要的贡献。

四、重视人才培养，输送栋梁之材

【本科生教育】

从1956年开始第一届招生到1965年共培养了600余名本科毕业生，他们大多分配到国家最需要的军工或石化行业，成为自动化行业的领军人物。但从1966年到1969年，由于历史原因，本科教学停滞，没有毕业生。但在1966年，化自专业招收了第一位外国留学生（阿尔巴尼亚籍），同年秋季又招收5名越南留学生。

1970～1976年共招收工农兵大学生266名，1977年恢复高考，从1977～1996年，年招生规模基本上稳定在60～90人之间。随着国内信息化与自动化技术的发展，对自动化领域的人才需求带动了人才培养的市场。从1997年起，本科生招生规模超过了90人/届，目前学院本科生培养的规模稳定在130人/届左右。

【研究生培养】

1961年，化自专业首届本科生毕业，同时开始招收研究生，1962～1983年共招收26名硕士研究生。改革开放以后，科技发展对人才需求提出了更高的要求，从1984年开始，研究生招生人数得到较大发展，每年招生规模超过20人，并从1984年开始招收博士研究生。1989年，浙江大学工业自动化学科建立了博士后流动站，开始招收博士后研究人员，谭善光是本学科第一名博士后研究人员。目前学院每年硕士生招生120人左右，博士生招生45人左右。

【计划外培训】

从化自专业创办起，全体教职员工就以为社会输送人才为己任，在完成全日制学生培养的同时，为高校和企业培训师资和技术人员。1958～1959年，为加快化工自动化专业师资的培养，开办了多期自动化进修班。1958年10月，苏联专家在校期间举行的培训班上，陈光垣（大连工学院）、吴嘉麟（华南工学院）、李文衡（成都工学院）、张蕴端（华东化工学院）、李光泉（天津大学）、吕明瑾（北京石油学院）、刘汉鼎（华中工学院）、张心耳（福州大学）、徐亮山（南京林学院）等参加了进修。这些参加进修班的学员日后都成为中国自动化行业的领军人物。

1960年到20世纪90年代，企业对自动化技术需求不断提升，企业自动化技术人员严重不足，无法满足企业发展需求，化自教研室老师们不忘为社会提供技术革新和人才培训的责任，在完成繁重的教学科研任务的同时，为国内大型石化、炼油企业培训技术骨干，极大地提升了企业的技术力量，也推动了产学研的合作。

1992年工业自动化国家工程研究中心成立后，顾仲文老师组建了"仿真培训部"，开始举办面向大型炼油化工企业技术人员的自动化高级培训班。课题组前后开发了十二套SimuPro系列计算机仿真培训系统，帮助企业提高操作人员的操作技能，产生了显著的经济效益和社会效益。

五、加强交流合作，提升学科声誉

浙江大学化自专业从成立开始，创建者们就清醒地意识到专业要发展，要走在科技发展的前沿，必须与实际应用相结合，必须与国际一流水平接轨。化自教研室早在20世纪80年代就开始对外交流与合作活动。1982年，邀请国际知名专家美国里海大学化工自动化Luyben教授来校讲学，这是国门刚敞开后，在国际交流中请进来的第一人。1984年，应里海大学的邀请，王骥程先生由浙江大学公派赴美高访一年，同时在那里讲授《过程控制》课程。1980～1982年，吕勇哉老师应邀赴美国普渡大学应用控制研究所开展合作研究。1984年，孙优贤获德国洪堡研究奖学金，赴德国斯图加特大学进修学习。1985年4月，王树青赴英国拉夫堡大学访问进修。同年，曹润生赴美国马里兰大学访问进修。

1985年6月，吕勇哉等成功组织了"工业过程模型化及控制国际会议"，这是化自专业组织召开的首次国际会议，有数十位外宾参会，为浙江大学化自专业在海内外赢得了良好的声誉。

1986年，李海青、陈甘棠教授组织国内各有关高校和科研院所创立了"多相流测试专业委员会"，并于当年在浙江大学召开了全国第一届多相流检测技术学术讨论会，至今已成功召开了9届国内学术会议和9届国际学术会议。

1987年，日本京都大学教授高松武一郎先生应邀来浙江大学讲学，并受聘为浙江大学客座教授，同时浙江大学化工系也与京都大学化工系签署了长期合作协议。在王骥程先生的推荐下，褚健作为高松武一郎与王先生联合培养的博士，赴日本京都大学学习。

1987年，由浙江大学工控所组织和发起的"第一届中国过程控制学术报告会"在宁波溪口举行，孙优贤、钱积新任大会主席。该报告会后更名为"中国过程控制会议"，依托本学科创办成立了"中国自动化学会过程控制专业委员会"。三十年来，过程控制专业委员会已经举办了28届中国过程控制会议，对中国过程控制乃至自动化领域的发展产生了深远的影响，是中国自动化领域学术活动最活跃、最持久、最具影响力的会议之一。

1989年秋，在荷兰召开IFAC DYCORD 89国际会议，浙江大学化自教研室有三篇论文被录用，王骥程教授受邀出席会议。同年，吕勇哉获得美国仪器仪表工程师学会UOP技术奖，这是该奖首次授予外籍专家。

2004年6月，由浙江大学控制系和浙江省自动化学会等联合召开了第五届全球智能控制与自动化大会，与会代表近千人。同年9月，由李海青、张宏建等组织的第四届国际多相流检测技术学术会议在杭州召开,孙优贤院士任主席,与会外宾50余人,极大提升了本学科在该领域的国际影响力。此后,随着国际交流进一步发展,浙江大学工业控制技术研究所(化自教研室)师生不断在国际舞台上展示学术成果,开展交流合作、访问和讲学,组织召开各种国内、国际学术会议,展示本学科最新研究进展和研究成果,其学术声誉得到了国内外学界的广泛认同。

六十年前从容化自奏序曲,一甲子后控制印象谱新篇。

新时期,控制学科将在学科带头人孙优贤院士带领下,面向科学前沿、面向国家战略需求,以解决重大技术问题为己任,力争在21世纪中叶,将本学科建设成自动化领域中具有国际影响力的科学创新研究基地和自动化领域高水平复合型人才的培养基地。

作者注 本文写作过程中,王树青老师、李海青老师、叶松书记提供了宝贵的佐证材料和修改意见,在此深表谢意!

作者简介

范菊芬,女,1962年5月生,浙江天台人,毕业于浙江大学社科系。曾在浙江大学化工系分团委、控制系总支、信息学院本科生总支、教工总支任职,现任浙江大学控制学院工会主席、党政办主任。长期从事学生思政、党务行政和工会工作;获浙大优秀党务工作者、先进工作者,浙江省教育工会"事业家庭兼顾型"先进个人。

天津大学工业控制仪表专业60年发展历程

王化祥　王正欧　徐炳华

一、专业建立：国家需求与自身条件

天津大学"工业控制仪表"专业于1956年设置，并于当年9月开始招收新生。在全国向苏联学习的社会背景下，当时该专业的名称依照苏联相应专业名称翻译命名为"化学生产检查测量仪表与自动化"。因为，"化学生产"即化工，"检查测量仪表"即"仪表"的功能，于是后来改名为"化工仪表及自动化"专业（此名称也在其他高校使用过）。也有人提出"热工仪表"专业的名称；后来大家认为本专业涉及不限于化工而是所有工业生产的检测和控制，于是，1959年更名为"工业控制仪表"专业。

1956年天津大学有7个系：机械系、电力系、水利系、土木系、建筑系、化工系和纺织系。此专业设在机械系，机械系和化工系是天津大学的大系，每系有两千多学生。1958年，机械系分为三个系，即第一机械系、第二机械系和第三机械系。1959年，三个机械系又进行了调整和更名，第二机械系更名，成立精密仪器工程系。1959年，本专业更名为"工业控制仪表"专业，正式归入精密仪器系。

本专业建立的外因是：国家第一个五年计划建设开始迫切需要相关人才。1956年，国家制定12年科学发展规划，其中自动化列为重点发展学科，当年陈毅副总理在广州会议中着重提出"向科学进军"号召。仪表自动化行业在我国20世纪50年代十分落后，那时只能生产弹簧管压力表、温度计和自来水流量表而已，自动化仅是自力式调节器，所以对工业生产的连续生产过程而言，检测仪表与自动化近乎空白。

天津大学建立这个专业的内部条件是：1952年已在机械系创办了化工机械专业和精密机械仪器专业（其中已有热工仪表专门化），并已配有一定数量的专业教师，加之刘豹先生1950年由美国取得硕士学位回国，并在解放军大连海军学校任教，后于1954年应聘到天津大学任教。他在1954年出版了《自动控制原理》一书，这是当时国内公开出版发行的第一部关于自动控制原理的专著。

刘豹先生到天津大学后，运用他在美国所学到的检测仪表和自动化技术方面的知识，开展有关生产过程动态计算和气动自动装置两个科学方向的研究，并对学校有关专业学生先后开设"生产过程自动检测仪表""自动调节原理""气动调节器""气动自动学"等课程，以及后来专业课程相关的"非线性控制系统""动态系统辨识"等选修课程。

天津大学机械系在1956年设置该专业时，先后已聚集了具有专业知识的教师队伍，如周昌震、韩建勋、徐炳辉、张立儒、冯兆邦、杨惠连、李光泉、徐苓安，以及王凤芝女士（任教研室党支部书记）；韩建勋、徐炳辉参加了中科院钱学森、钱伟长提出并在清华大学开办的自动化培训班。之后，还专门调进了刚从苏联获得自动化学科副博士学位回国的龚炳铮。1959年，又从精密机械仪器专业中的"热工仪表专门化"教师中调来向婉成、周永焕等到本专业任教。

自1961年首届工业控制仪表专业学生毕业开始，又陆续从应届毕业生中补充了多名师资。

从教研室成立开始，刘豹先生一直很重视培养教研室的学术研究气氛，几乎每周都要举办一次学术活动（即国外经常举办的seminar），由相关教师提前准备，介绍其所研究学科的前沿课题。此外，为了扩大青年教师的视野及培养社交能力，经常委派一些青年教师参加国内的一些学术活动，之后在教研室全体会议上汇报。另外，刘豹先生作为机械电子部自动化仪表专业指导委员会主任，多次在津主持校际专业科技报告会，如1961年浙江大学、重庆大学等许多高校老师曾莅临天津大学作科研论文报告；教研室同时也派出本专业教师去外地（如浙江大学等）参加相关学术会议，这些对青年教师科研能力的提高收益颇多。

系里还拨出280多平方米面积的两幢平房建设专业实验室，负责实验室工作的有邝剑虹和其他几位年轻实验员。学校购买了不少当时较为先进的仪器仪表，及一些大型进口仪器，如民主德国的气动模拟计算机、动态仪等，为学生的实验及科研工作奠定了良好的物质基础。实验室的建立，对培养学生的感性知识和动手能力是十分必要的。

这样从组织机构、主要负责人、师资队伍、教学计划、教学大纲和专业课设置（借鉴苏联的资料）以及实验设备等各方面，基本具备了设立本专业的条件。

二、课程设置与教材，实验、实习与动手能力培养

天津大学工业控制仪表专业学制1966年前是五年制，1977年后工科大学学制统一改为四年制。课程设置强调基础课、基础理论课，从物理、化学、数学、外语、机械制图、画法几何（学生空间概念的建立），到机械原理、电工、化工原理、自控理论等方面，全面加强专业基础课程，课时十分繁重。

1. 公共课程

1956年和1957年入学的政治教材是《马列主义基础》，参考书是《联共（布）党史简明教程》。

外语当时是学两年俄语，后来是英语，天津大学的《科技英语阅读手册》首次发行就超过百万册，十分畅销，其后又多次再版，成为出国留学人员及大学生喜爱的教本。

体育课是必修课。刘豹先生也是文体活动爱好者，他关心学生的体育活动，他在大学时是学校足球队员，1956年招收第一届学生后，他休闲时还请学生到他家打麻将。他家中挂着父亲刘海粟先生的油画，非常整齐。健康的体魄保证了他90岁后高寿而终。

天津大学1966年前推行"劳动卫国制"体育达标考试办法，学校有室内体育馆、篮排球各种设施，冬天则校内湖泊封冻后形成天然冰场，开展滑冰运动，受到学生喜爱。1977年恢复高考后，学生的体育运动形式更加多样化。

2. 基础课

画法几何，高等数学；化学及其实验，无机化学及相关实验，有机化学及相关实验，分析化学及相关实验；物理学及相关物理量和声、光、电学的实验课，机械制图；金属工艺学，金相学及相关实验，材料力学；理论力学；机械原理；机械零件、金属加工及公差（并有车床、钳工、刨床、钻床、铣床、磨床等操作实习课时），这些课程培养了工科学生坚实的基础知识和动手能力。

3. 专业基础课

化工原理、工业化学、电工原理与电工基础、电子学、工程数学、

自动调节原理、计算机技术等课程及相关实验。

4.专业课与专业实习、毕业设计、毕业论文及答辩

仪表概论、仪器仪表设计与零件、热工测量仪表、气动学与气动元器件、自动调节装置、化工过程自动化、工业设计概论、远动与遥控遥测、气动模拟计算机原理与操作。

专业实习依据当年情况联系相关工厂，如相关仪表厂、化工厂，例如兰州化工厂等。

毕业设计、毕业论文及答辩，由教研室主任统一组织安排，系主任审核。

三、专业发展历史沿革与演变

① 1956～1965年，共招收（培养）10届786名本科生。

1960年，"工业控制仪表"专业开始招收（培养）研究生。

20世纪60年代初，教研室部分青年教师在刘豹先生的指导下从事气动逻辑装置的研究，研究出由气动逻辑元件、纯滞后元件、积分元件等构成的气动频率测试动态仪，还研制出了气动数字仪表等多种气动自动装置样机，为国内气动自动学及装置的研究奠定了基础，并对国际自动化学科的应用研究和理论研究的发展产生了重要影响。

1962年，工业控制仪表教研室被评为天津市劳动模范集体。这是因为当时教研室每个同志都积极向上、勤奋学习、努力工作，相互间真诚相待，气氛融洽。

1975年左右，教研室重点组织了射流技术的研究，在刘豹先生的指导下，最终研制成功一台射流数字计算机，这也是全国唯一的一台。这期间还为东北白城制氧机大会战项目，研制成功一台作为制氧机关键部件的射流切换器，在现场获得成功应用，得到大会战领导的高度好评。

1966年开始，本科生和研究生招收（培养）全都停办。

② 1970年本专业调整到电力及自动化系，并于1972年重新开始招收（培养）本科生（即"工农兵学员"）。至1976年共招收（培养）5届、280名本科生（工农兵学员），29名短期学员。

③ 1977年国家正式恢复高考招生，专业改名为"工业自动化仪表"，招收（培养）本科生（工学学士）。1978～1995年共招收（培养）18届、

933名本科生（工学学士）；另招收（培养）专科、高职生约200名。

④ 20世纪70年代后期，工业自动化仪表教研室分离重组。

随着刘豹先生研究领域的拓展，以及工艺生产过程参数的检测与自动控制系统复杂度提高，针对国民经济许多大系统的控制，如能源系统、经济管理系统、工业管理系统等方面的需求，刘先生又开拓了系统工程研究方向，他带领部分教师创建了系统工程研究所，开展国家能源系统等迫切需要的大系统的研究及教学工作（后并入现在的天津大学管理与经济学部）。周昌震先生带领部分老师成立成分分析教研室，并入精密仪器系。其余教师继续在自动化仪表专业从事教学、科研工作。

当时，从工业自动化仪表教研室分出去的或者继续留在本专业工作的教师，由于长期受教研室浓厚的学术气氛的熏陶，加之多年来科研工作的锻炼，每人都有较强的科研工作能力，在改革开放年代，由于科研成绩突出，又有出国进修等措施，经过考核，多名教师被评定为博士生导师或硕士生导师，如徐令安老师在英国进修期间获得博士学位，回国到教研室继续工作，培养出一批又一批硕士和博士，为国家的科技进步做出了重要贡献。

1981年，"仪器仪表"和"系统工程"学科获得硕士学位授予权，学科开始招收（培养）"工业自动化仪表"方向和"系统工程"方向硕士研究生（实际上系统工程研究所在1978年已经开始招收第一届硕士研究生，如纪远东、和金生、赵景云等均是1978年入学的，1979年第二届寇纪淞等入学）。

⑤ 1984年，系统工程研究师资人员正式脱离"工业自动化仪表"专业教研室，独立建成系统工程研究所。

⑥ 1986年，"自动化仪表与装置"学科获得"检测技术与自动化装置"一级学科、二级学科硕士学位授予权，招收（培养）硕士研究生，自1988年开始招收（培养）"自动化仪表与装置"学科"工学硕士研究生"。

⑦ 1995年，天津大学列入国家教育部211工程重点高校。

当年教育部本科专业培养目录调整，"工业自动化仪表"专业与"工业电气自动化"专业合并为"自动化"专业，自1996招收（培养）自动化专业本科生（工学学士）。

1996～2007年共招收（培养）12届学生，1921名本科生（工学学士）；另1996年至今，招收（培养）高职生及高自考学生约500余名。

⑧ 1996年，"自动化仪表与装置"学科获得"控制科学与工程"一级学科下二级学科博士学位授予权，自1996年开始招收（培养）"自动化仪表与装置"学科"工学博士研究生"。

⑨ 1997年，教育部研究生学科目录调整，"自动化仪表与装置"改名为"检测技术与自动化装置"学科，自1998年开始招收（培养）"检测技术与自动化装置"学科"工学硕士和工学博士研究生"。

⑩ 2001年，天津大学"检测技术与自动化装置"二级学科所属的"控制工程"领域，经国务院学位办批准开始招收工程硕士研究生（非全日制）。

同年，教育部组织"国家重点建设学科"申报，"检测技术与自动化装置"学科于2001年获得"国家重点建设学科"，并获得天津大学"985"学科建设的支持。

⑪ 2003年，依托"检测技术与自动化装置"学科博士学位点，成功申请获得并建设"控制科学与工程"博士后工作流动站。

同年，天津市科委和教委联合组织天津市重点实验室认定工作，依托"检测技术与自动化装置"学科的"过程检测与控制实验室"，被认定为"天津市重点实验室"。

⑫ 2005年，天津大学"检测技术与自动化装置"二级学科所属的"控制科学与工程"成功申请一级学科，并获得"控制科学与工程"一级学科博士学位授予权。

⑬ 2006年，天津大学"检测技术与自动化装置"学科，被天津市教委认定为"天津市重点学科"。

2006年，教育部组织"国家重点学科"的评估与申报工作，"检测技术与自动化装置"二级学科通过评估，再次获得"国家重点学科"。

当年，天津大学"检测技术与自动化装置"二级学科所属的"控制科学与工程"一级学科，参加教育部学位与研究生教育发展中心组织的学科评估工作。

同年，学科所属"天津市过程检测与控制重点实验室"通过天津市科委和教委联合组织重点实验室评估。

⑭ 2008年，教育部试行本科专业"大类"培养，将"自动化"与"电气工程及其自动化"合并培养，至2010年共试行3届。这3届中，自动化方向共招收（培养）约480名本科生（工学学士）。

⑮ 2009年，"控制科学与工程"学科按照一级学科招生（培养），并开始招收（培养）"全日制专业硕士研究生"。

同年，学科所属"天津市过程检测与控制重点实验室"再次通过天津市科委和教委联合组织重点实验室评估。

⑯ 2011年，教育部恢复按照"自动化"专业培养，2011～2016年共招收（培养）6届、约1000余名本科生（工学学士）。

⑰ 2012年，天津大学"检测技术与自动化装置"二级学科所属的"控制科学与工程"一级学科，成功申请并被天津市教委认定为"天津市重点学科"。

同年，天津大学"检测技术与自动化装置"二级学科所属的"控制科学与工程"一级学科，参加教育部学位与研究生教育发展中心组织的学科评估工作。

同年，学科所属"天津市过程检测与控制重点实验室"通过天津市科委和教委联合组织重点实验室评估，获得"优秀"。

⑱ 2015年，学科所属"天津市过程检测与控制重点实验室"通过天津市科委和教委联合组织重点实验室评估，获得"优秀"。

⑲ 2016年，天津大学"检测技术与自动化装置"二级学科所属的"控制科学与工程"一级学科，再次参加教育部学位与研究生教育发展中心组织的学科评估工作。

同年，天津大学"检测技术与自动化装置"二级学科所属的"控制科学与工程"一级学科，通过天津市教委组织的评估，并再次被认定为"天津市重点学科"。

自1956年工业控制仪表专业成立以来，近60年来，共招收（培养）本科毕业生5386余名，其他各类短期生、专科生、高职及高自考学生700余名。

四、研究生培养情况

① 1960～1962年，"工业控制仪表"专业共招收（培养）研究生3

届、8名。1964～1965年,"气动自动装置"专业共招收(培养)研究生2届、5名。

② 1966～1980年,研究生招收(培养)暂停。

③ 1981年,"仪器仪表"和"系统工程"学科获得硕士学位授予权,学科开始招收(培养)硕士研究生。至1983年,学科共招收(培养)硕士研究生3届,其中,仪表方向6名,系统工程方向23名工学硕士研究生。

④ 1984年,系统工程方向脱离本学科,独立建设系统工程研究所,1984～1987年,学科共招收(培养)硕士研究生4届,"工业自动化仪表"学科方向硕士研究生4届,20名工学硕士研究生。

⑤ 1986年,"自动化仪表与装置"学科获得"控制科学与工程"一级学科下二级学科硕士学位授予权,1988～1997年"自动化仪表与装置"学科共招收(培养)硕士研究生10届、94名工学硕士研究生。

⑥ 1996年,"自动化仪表与装置"学科获得"控制科学与工程"一级学科下二级学科博士学位授予权,1996～1997年"自动化仪表与装置"学科共招收(培养)博士研究生2届、5名工学博士研究生。

⑦ 1997年,教育部研究生学科目录调整,"自动化仪表与装置"改名为"检测技术与自动化装置"学科。1998～2008年,共招收(培养)研究生11届,约300名工学硕士研究生、88名工学博士研究生。

⑧ 2001年,天津大学"检测技术与自动化装置"二级学科所属的"控制工程"领域,经国务院学位办批准开始招收工程硕士(非全日制)。2001～2016年,共招收(培养)硕士研究生16届,约500余名非全日制工程硕士研究生毕业。

⑨ 2009年,"控制科学与工程"学科按照一级学科招生(培养),并开始招收(培养)"全日制专业硕士研究生"。2009～2016年,共招收(培养)硕士研究生8届,约320名工学硕士研究生,140名工程硕士研究生和112名工学博士研究生。

自1960年"工业控制仪表"专业开始培养研究生以来,50余年来,共招收(培养)博士研究生200余名、全日制工学硕士研究生720余名、全日制工程硕士研究生140余名,非全日制工程硕士研究生(非学历、在职攻读学位)约500余名。

五、1961年首届37位"工业控制仪表"专业毕业生分配情况

1956年本专业学生入学后,教研室很重视学生的培养工作,除了安排课程外,也紧跟国内的形势安排学生的工作,如1958年8月,毛主席视察天津大学,并提出"教学与生产劳动相结合,教学与科学研究相结合"的号召。为响应这一号召并培养学生的动手能力,系和教研室组织全班约40多名学生(包括代培生)分工合作,从制造机床的零件开始,经过几个月日夜奋战(日夜倒班),最终加工、制造、装配成一台供实验室使用的台式机床,每个学生都从中得到锻炼,极大地提高了动手能力。

1960年双革(技术革新和技术革命)运动期间,在刘豹先生的领导下,教研室组织各年级学生(以1956年入学学生为主,带动57级和58级学生)到天津电厂、天津制药厂等参加工厂的技术革新和技术革命活动,使学生们增强了生产实践技能,并运用所学知识帮助解决生产过程中存在的问题。还有的学生在实验室研制大型"气动模拟计算机""气动数字仪表""射流元件"及"浓度计"等,经过几个月的奋战,终于研制成功气动模拟计算机等,并送到北京参加"全国高等学校技术革新和技术革命成果展览会"展出,成果突出,反响很大,学生从中也极大地提高了科研能力。

上述的实践活动为教研室后来的专业教学、科研工作奠定了坚实的基础。

1956年入学至1961年毕业的首届工业控制仪表专业学生,被分配到祖国建设的不同岗位:留校任教8位(内含1位研究生);其他高等学校教师6位(如华东化工学院、北京化工学院等);国家级研究院8位(如中科院自动化所、中科院大连化学物理研究所等);国家级设计院3位(上海医药工业研究院等);国家重点工厂9位;中国人民解放军部队3位。

这届毕业生后来都成为各行业及各单位的骨干,有教授、博士生导师、研究员、教授级高工、系主任、总工等,为国家做出了各自的贡献。

基于天津大学在20世纪50年代为高教部直属的16所重点院校之一,所以分配方案面向全国,天津市除本校留校名额外,无毕业生留在天津市工作。

37位学生中分别来自全国各地:北京、广东、广西、浙江、上海、

江苏、福建、山东、湖南、安徽和吉林等省市。

　　天津大学在1960年和1961年毕业的还有一个"热工仪表专业"班（是精密仪器系精密仪器专业的热工仪表专门化班，重点在仪表制造方面），其分配方案也是面向全国（如上海工业自动化仪表研究所、重庆工业自动化仪表研究所、兰州炼油厂、国防工业企业等）。

后记

　　这篇史料寄托着对刘豹先生和众多前任和在任老师的怀念和感谢，也是简要的历史记录。在此要向天津大学精密仪器系郑义忠教授（1961届工业控制仪表专业毕业生）特别表示感谢，他提供了许多相关史料。

作者简介

　　王化祥，男，1945年4月生，山东龙口市人。硕士学位，天津大学自动化学院教授，博士生导师，享受政府特殊津贴专家，IEEE高级会员，曾担任全国重点学科"检测技术与自动化装置"学科负责人及学术带头人，天津大学学术委员会委员兼自动化学院学术委员会副主席。

　　王正欧，教授，博士生导师，1938年生，浙江天台人。1961年天津大学首届工业控制仪表专业毕业，留校任教。曾任系统工程学报副主编、主编。曾主持完成多项国家自然科学基金和天津市自然科学基金资助项目，在 IEEE Transactions on Computers、International Journal of System Science、Neural Networks、自动化学报、系统工程学报等国内外著名刊物发表论文150余篇。曾两次获得天津市自然科学奖三等奖。

小部件影响大生产
——一次仪表配件失常影响生产的抢修战

郑灿亭

1981年11月初，北京燕山石化集团公司（下简称"燕化公司"）随30万吨乙烯成套引进的丁二烯抽提装置，非计划停车检修。主要是工艺设备检修任务重，检修时间短，仪表没安排什么大项目，仅把必须停车才能干的检修项目抢上去即可，所以较顺利地完成了检修任务。仪表车间做好了装置开车准备工作。我接到某仪表技术交流会的邀请（交流论文），经仪表车间和厂领导批准赴约参会。出差回来刚到班上，车间范主任就留话找我，让我到抽提仪表现场了解情况，处理因仪表影响丁二烯装置开车问题。

我立即到抽提车间，找到仪表维修班班长兼班组技术员章技术员，了解到：抽提装置开车快一周了，整个装置的流程早打通，就是因为为装置提供氮封气体的"氮气提纯器"制备不出合格氮气，造成丁二烯产品不合格，放空到火炬烧掉！放空几天了，再不行后续装置因无原料也要被迫停车！赵厂长在公司生产调度会上，呼吁兄弟厂仪表系统支援，帮助解决目前难局。燕化公司负责生产的楚副总经理，带着仪表厂徐厂长（公司设备处徐处长兼）、仪表厂副厂长兼总工程师蒋总，两次到抽提装置现场查看情况，下令要仪表厂尽快协助维修好（或是仿造）。

仪表到底出现什么问题，惊动全公司仪表系统和公司最高领导层为此着急？

抽提装置中有套独立的、单独为装置制备高纯度达99.99%的氮气，作装置的螺杆压缩机等丁二烯制备过程中重要设备的氮封气体。这次停车前，氮气提纯器一直很好，没有做任何检修。抽提装置再次开车后，各类设备运行正常，就是产品丁二烯不合格。查出原因是氮封用的氮气不合格，进而查出是属仪表专业管理维修的一个电磁阀动作失常，不该漏气的地方漏气，该有气的管路气压不足，造成氮封气体不合格，进而造成丁二烯产品不合格。将电磁阀拆卸解体后发现，是一个特殊的、带梯形槽的O形密封垫圈破裂，致使密封不严。

问题找到了,但是仪表车间无此备品备件,束手无策,全车间职工都又急又愁。丁二烯装置一直在放空燃烧,既造成经济上的重大损失,又给环境造成严重污染,后续装置因无原料还面临停产局面,能不着急吗?

生产装置开车有故障就是命令!全公司仪表系统、厂供销科和供销公司全都调动起来了。甚至把该生产装置的成套供应商——日本东洋工程公司乙烯供销服务人员也都调动起来了。结果查出,此氮气提纯器是日本某大学的一台实验室用设备,闲置无用,产氮气量和技术指标适合丁二烯抽提装置,就整体购入给丁二烯抽提装置配套了。至于内部设备备品备件,因约1.2m宽的仪表盘上有几台小型转子流量计、空气过滤器、减压阀、定值器、电磁阀等,用量很少,没备品备件。

为解燃眉之急,请日方协助查找此电磁阀的制造厂家,急购零配件。日方制造厂家找到了,但是无零配件可供,因该厂几年前就转产不生产该产品了。坚持要买此产品的话,答应给加工制造。但是,因有些模具都处理了,需重新制备,生产周期会延长,至少也得半年时间才能拿到货。最后花高价定做3只电磁阀,最快交货期是3～6个月。

了解到全厂、全公司都在为丁二烯装置空转损耗、为橡胶的生产而着急!作为担负维修责任的技术人员,我压力更大。我建议按两个思路分别去做:一是由范主任负责,寻找国内相类似产品,能代替的,哪怕需要重新配管,重新加工零配件,需要时间长一点,总比这么干耗着强啊!二是由我负责,与章技术员研究修复方案。

和章技术员商量修复方案,开始有畏难情绪,只有买来密封件,才有办法修复。当时——36年前,我国仪表及自动化设备制造水平还是较低的。我公司橡胶厂号称是亚洲最大、最先进的合成橡胶厂(主控制室有仪表盘30多张),原来是以气动单元组合仪表为主体的水平,各种气动仪表的仪用密封圈、环、垫应是最齐全的。若本车间没有合适的,其他地方也就很难找到了。我想,买不到能不能自己做啊?老章顽皮地讥笑我:"你能啊?"我没能马上回答他。我想,咱做不了,找人帮忙啊。首先想到我们橡胶厂有实验室(车间级)和橡胶制品厂(为解决残疾人就业问题而办的福利厂),他们能帮助仿造吗?拿着拆卸下来的旧密封环,先到实验室主任办公室去咨询,后又到橡胶制品厂咨询。在制品厂得到的答复是:你有模具我就能给你制造出来。又问,这垫需用耐油的丁腈橡胶材料，你们有吗？回答有。关键就是如何能制出精准的模具了！

任务急不敢怠慢，首先根据手中的这个旧密封圈，先测绘出其断截面尺寸草图，当晚在家就设计出上下模具草图。第二天提前到班上，画出我工作中唯一的一套模具加工草图，如图1所示。

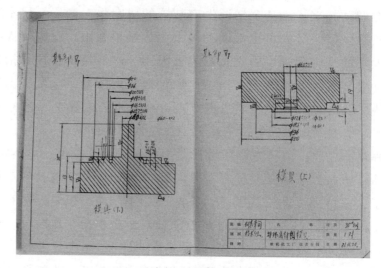

图1　特殊密封圈模具草图

将图纸直接下达给车间金工班车工李师傅，并请气焊工曹师傅协助，到料场割了段合适的35#钢棒料。他们都知道抽提装置开车急用，表示尽快完成。

李师傅真给力，尽管车制下模具上的3mm小沟槽需要磨制小车刀，靠他的熟练技术，没耽误多长时间，第二天下班前一小时，把一套完整的模具交上来了。我简单检测几个尺寸，没有问题。立即写一张"请橡胶制品厂用此套模具尽快给压制10个密封圈"的书面生产任务单，作为结算的依据，派人送往橡胶制品厂。

第三天下午，橡胶制品厂的师傅拿着10个密封圈和模具来了。我带10个密封垫，立马到抽提仪表维修班，请他们试用此垫片修复电磁阀。

虽然组装到电磁阀内的尺寸合适，但是轮番试装、试运了几回，密封效果都不好。原故障点处仍有漏气！现场查看分析，是间断性地漏气，但是明显比原来的漏气量小了。说明努力的方向是对的！是密封垫的尺寸有不妥之处。模具尺寸还得修改，如何改？

我认真分析：梯形槽密封垫外形尺寸测量较容易、较准确，梯形槽内尺寸太小，没有测量设备，难测准确。再从现场漏气现象分析，是没封住，应加厚梯形槽的壁，增大密封圈用料量。整体外形尺寸测量较准，不应再有变动，梯形槽内壁尺寸难测准，故应重点修改。具体修改方案是：（1）将上模具（图中右侧图）的梯形槽（突出台阶处）内径尺寸"$\phi 17.1\pm 0.01$"加大到"$\phi 17.2\pm 0.01$"，而梯形槽外径"$\phi 18.6\pm 0.01$"缩小到"$\phi 18.5\pm 0.01$"；（2）将下模具（图中左侧图）的"2.6 ± 0.01"（图的最右侧标注）尺寸再加大0.2mm，变为"2.8 ± 0.01"。这样此密封垫圈在整体外形尺寸基本不变的前提下，比第一次密封圈的梯形槽壁在原有尺寸基础上缩窄了0.2mm，梯形槽底加厚了0.2mm，等于此密封垫加粗、加厚了，密封圈用料量加大了，以达增强其密封性作用。

图纸尺寸修改好，直接找到车工李师傅，把急需修改的上、下模具方案与李师傅详细交待，并在现场监视陪伴，以解答李师傅随时可能产生的问题。很快完活，又派人送到橡胶制品厂，请再压制10个修改尺寸后的密封圈。拿到新密封圈，很快将坏的电磁阀修复了，安装到位投入运行。关注运行状况，注意氮气分析结果，第二天产出了合格的氮气，电磁阀修复成功了！

虽然还没产出合格丁二烯，但是我们揪心紧张情绪已转好。一个晴朗的下午，我在车间门口与职工谈话，看见仪表厂徐厂长和蒋副厂长从厂东门口进来，迎着阳光，直奔抽提装置方向走去。肯定是奉楚副总经理之命，为修复或仿造失效的电磁阀而来，是为帮我们维修仪表设备而来，我立即迎上去与二位领导打招呼。徐厂长问我，抽提仪表问题解决了吗？我回答，电磁阀已修好，投入运行，等待生产出合格的丁二烯。蒋副厂长说，已来了，到现场看看吧。

经仪表车间职工的共同努力抢修和抽提车间职工认真操作，12月初终于生产出合格的丁二烯产品。一场紧张的仪表抢修战胜利结束。剩余的特殊密封圈连同模具一同作为备品备件，存放仪表车间仓库里。

1981年12月初生产出合格丁二烯，已订购日本电磁阀1982年5月18日到货计算，等于提前了6个多月投产，既减少丁二烯原料的排放，又保护大气环境，又确保了合成橡胶厂正常生产。丁二烯抽提车间王主任、仪表车间范主任和厂总工程师张总，都支持我申报"北京燕山石化公司技术革新建议奖"。因我后来调往公司计控处,也就不了了之。但是,从仪表运行故障发生起,仪表车间全体职工都具有强烈的紧迫感和抢修意识,克服各种困难,敢想、敢干、敢于创新、敢于尝试未曾做过的事的精神值得发扬。这就是我国国企中具有的一支强大的、无条件创造条件也能上的仪表维修队伍,这也是吸收消化进口仪表设备的一个缩影,把影响企业大生产的进口小部件修复了,拯救了丁二烯抽提装置乃至整个橡胶厂的生产,这个功劳是不可磨灭的。

作者简介

郑灿亭,1939年9月生,河北省东光县人。1964年7月毕业于北京化工学院化工过程自动化专业,高级工程师。历任北京燕山石化集团公司计控处、仪表车间主任,《化工自动化及仪表》和《石油化工自动化》杂志编委。发表论文38篇。编写《流量计量450问》。参与编制国家标准"GB/T 20901—2007"。

流量仪表的技术引进

蔡武昌

前言

中国仪表和自动化经历了20世纪50～60年代初创期，到80年代改革开放，在继续深入发展的同时进入到技术引进期，学习国际先进技术。《飞鸿踏雪泥》前几辑中刊载了仪表与自动化制造业界回忆仪表生产制造技术引进的两个案例：杨桐《中美合资企业第一家——上海福克斯波罗责任有限公司》和马元中《我经历的电磁流量计技术引进》。前者阐述筹建中外合资企业谈判技术引进、签约、建成，学习国外先进技术管理经验，所获效果及离职后的反思；后者回忆电磁流量计的技术引进始于日本、法国、英国，访问开封仪表厂及出国考察、谈判、培训实习等翔实过程。

本文试图描述我国20世纪80～90年代流量仪表厂技术引进项目全景，以及回忆亲历电磁流量计技术引进若干情况和撰文时的感悟反思。

一、流量仪表引进项目和分析

引进主要是在20世纪80～90年代，有45个项目，其中4个项目是在21世纪初实现的，按9个品种归类（表1）。资料取自《重大装备配套引进与合资生产的仪表控制系统目录》(1998)、上海工业自动化仪表研究所《流量测量及仪表产品引进项目指南》(草案，1988)、中国仪器仪表行业协会流量仪表专业委员会技术发展咨询部《引进工作座谈会资料》(1990.12)、其他（包括会议交流、媒体、网络信息）。表1的45个项目中1151型电容式差压变送器是同型号重复引进了2次，违反了当时政策规定，实际是44项。45项按品种引进项目数和百分比（表2），以差压变送器引进项目最多，其中传统仪表占53.2%，新技术仪表占46.7%。技术引进方式性质有许可证贸易技术转让、技术合作、中外合资、对外独资4种，诸品种引进方式分布如表3所示，以许可证贸易和中外合资为主体，分别占

48.9%和42.2%。中外合资项目有2项，到21世纪初，外商收购中方股份转为独资企业，直接成立外资独资企业到21世纪初才产生（详见下节）。

表 1　流量仪表技术引进项目一览表

品种	名称和类型	中方企业名称（承办企业或合资企业）	外方伙伴名称	年份	引进性质 许可证	引进性质 合作	引进性质 合资	引进性质 外独资	说明	资料来源
差压变送器	I/A840系列硅应变式	上海福克斯波罗公司	（美）Foxboro	1980s			√			1，3
差压变送器	电容式1151系列	西安仪表厂	（美）Rosemount	1981.6	√					1，3
差压变送器	电容式1151系列	上海自仪公司（一厂）	（美）Rosemount	1989.12	√					3
差压变送器	电容式1751系列	北京仪表厂	（美）Rosemount	1987.8	√					1，3
差压变送器	FCX-AC系列	苏州兰炼富士仪表公司	（日）富士	1990s			√			4
差压变送器	EDR系列扩散硅式	大连仪表电气公司	（日）日立	1995	√					1，3
差压变送器	EJA系列硅谐振式	横河川仪公司	（日）横河电机	1990s		√				1
差压变送器	2000系列扩散硅式	上海威尔泰工业自动化公司	ABB（Hartman Braun品牌）	1980s		√				4
差压变送器	扩散硅式EDR系列	大连仪表电气公司	（日）日立	1980s	√					1
差压变送器	K系列电感式	天津中环自仪表公司	（英）Kent		√					3
容积式流量计	OI系列椭圆齿轮式	合肥仪表厂	（德）Bopp+Reuther	1985	√					1，3
容积式流量计	不锈钢椭圆齿轮式	广东湛海仪表公司（湛江）	（美）Brooks	1987	√					1，3
容积式流量计	小口径椭圆齿轮式	上海奥巴尔仪表公司（嘉定）	（日）Oval	1999		√				4
容积式流量计	UF-Ⅱ型螺杆式	合肥奥巴尔仪表公司	（日）Oval	1996			√	√	21世纪初转为外商独资	1
容积式流量计	LBA/R系列双转子（螺杆式）	广东湛海仪表公司	（美）Brooks	1994	√					1
容积式流量计	LCY系列液体腰轮式	哈尔滨龙江仪表厂	（日）东机工	1980s	√					1
容积式流量计	FRA系列液体腰轮式	重庆仪表厂	（日）东机工	1980s	√					3

续表

品种	名称和类型	中方企业名称（承办企业或合资企业）	外方伙伴名称	年份	引进性质 许可证	引进性质 合作	引进性质 合资	引进性质 外独资	说明	资料来源
浮子流量计	玻璃浮子流量计	常州加热仪表厂	（德）Krohne	1985	√					1
	H27型金属管式	承德热河仪表厂	（德）Krohne	1988			√			3
	AM系列金属管式	开封仪表厂	（日）东京计装	1980s	√					1
	大屏幕液晶金属管式	（承德）北斗友声仪表公司	（英）Palton	1993			√			4
	AH1000/2000金属管式	上海信东仪器仪表公司	（日）东京计装	2000s	√			√	港台资	4
涡轮流量计	LWBY型液体用仪表	哈尔滨龙江仪表厂	（日）东机工	1980s	√					1
	气体用仪表	上海埃尔斯特埃默克燃气设备公司（上海燃气公司）	（德）Elster	2000.11			√			4
电磁流量计	VTB，VUB，D.Mag系列	开封仪表厂	（英）Kent	1981.12	√					1，3
	MT900，K300系列	上海光华爱而美特公司	（德）Krohne	1988.11			√			1，3
	ADMag系列	上海横河电机公司	（日）横河电机	1994			√			4
	XE/XM系列	上海威尔泰工业自动化公司	（德）Fischer+Porter	2000s		√				4
超声流量计	LFFM-801型	开封仪表厂	（美）Westinghouse	1985.1	√					1，3
	传播时间法便携式	苏州兰炼富士仪表公司	（日）富士	1990s			√			4
	1～4声道管道式	本溪无线电一厂	（日）富士	1980s		√				4
	传播时间法	深圳建恒工业自控系统公司	（美）Polysonic	1990s	√					4
	液用、气用多声道管段式	北京昌明技术公司	（韩）昌民技术株式会社	2003.3			√			4
科里奥利质量流量计	MF100系列	上海科隆光华仪器公司	（德）Krohne	1994.6			√			4
	D系列	上海罗斯蒙特公司	（美）Rosemount	1993			√	√	2002年转为外资独资	1
	RM/ER系列	重庆耐德罗尼克仪表制造公司	（德）Rheonik	2001			√			4

续表

品种	名称和类型	中方企业名称（承办企业或合资企业）	外方伙伴名称	年份	引进性质 许可证	引进性质 合作	引进性质 合资	引进性质 外独资	说明	资料来源
涡街流量计	多种检测方式	宁夏银河仪表厂	（美）Eastech	1985.11	√					3
涡街流量计	VA系列	合肥仪表厂	（日）Oval	1986.6	√					3
涡街流量计	YF系列	上海自仪九厂	（日）横河电机	1980s	√					1
涡街流量计	YEWFLO-D系列	上海横河电机公司	（日）横河电机	1994			√			4
涡街流量计	压电式	北京菲波安乐仪表公司	（德）Fischer+Porter				√			4
涡街流量计	压电式	承德科隆热河仪表厂	（德）Krohne	1991			√			4
涡街流量计	电容式	广东中山调节器厂	（得）Endress+Hauser	1980s	√					4
热式流量计	TH/TR型	开封仪表厂	（日）东京计装	1980s	√					1
热式流量计	热分布式	七星华创弗洛尔电子设备制造公司	（法）Qualiflow	2004.9				√		4

资料来源：1.重大装备配套引进与合资生产的仪表控制系统目录，1998；2.上海工业自动化仪表研究所，流量测量及仪表产品引进项目指南（草案），1988；3.中国仪器仪表行业协会流量仪表专业委员会技术发展咨询部，引进工作座谈会资料，1990.12；4.其他，包括会议交流、媒体、网络信息。

表2　技术引进品种分布

品种	传统仪表 差压变送器	传统仪表 容积式	传统仪表 浮子式	传统仪表 涡轮式	新技术仪表 电磁式	新技术仪表 超声式	新技术仪表 科里奥利质量式	新技术仪表 涡街式	新技术仪表 热式	合计
项目数	10（11家）	7	5	2	4	5	3	7	2	45
%	22.2	15.6	11.1	4.4	8.9	11.1	6.7	15.6	4.4	100
	53.2				46.7					100

表3　技术引进方式性质分析

引进方式 \ 品种	差压变送器	容积式	浮子式	涡轮式	电磁式	超声式	科里奥利质量式	涡街式	热式	合计	%
许可证贸易	6	5	3	/	/	/	4	4	1	22	48.9
技术合作	1	—	—	—	1	2	—	—	—	4	8.9
中外合资	3	2	2	1	2	2	3	3	1	19	42.2
外商独资	—	(1)	—	—	—	—	(1)	—	(2)	—	—
合计 项目数	10	7	5	4	5	3	7	2	45	100
合计 %	22.2	15.6	11.1	4.4	8.9	11.1	6	15.6	14.4	100	—

二、外商独资企业

国际流量仪表领先企业经历了20世纪80～90年代建立中外合资和技术合作,熟悉了中国市场。2001年,Krohne公司首先在上海松江成立科隆测量技术(上海)有限公司独资企业,生产电磁流量计、科里奥利质量流量计等,然后艾默生、E+H、横河、ABB、西门子也相继建立了独资企业,进一步扩大中国市场份额,并向中东、东南亚等亚洲地区销售,(表4)。除此几家外还有若干外商独资企业,迄2010年合计已超过12家。

表4 流量仪表外商独资企业及生产品种

母公司	企业名	地点	成立年	生产品种				
				电磁式	超声式	科里奥利质量式	涡街式	差压变送器
(德)Krohne	科隆测量技术(上海)有限公司	上海松江	2001	√		√		
(美)艾默生	艾默生北京仪表有限公司	北京	2004					√
	艾默生流量技术有限公司	南京	2007.8	√	√	√		差压一次仪表
	艾默生亚洲流量技术中心		2008			√		√
(瑞士)E+H	恩德斯豪斯流量仪表技术(苏州)公司	苏州	2004	√	√	√		
(日)横河	横河电机(苏州)有限公司	苏州	2004	√		√		
(瑞士)ABB	上海ABB工程有限公司	上海浦东	2004	√				√
(德)西门子	西门子传感与通讯有限公司	大连	2007	√	√			

三、反思

技术引进促进仪表与自动化行业跃上一个台阶,中美合资企业中方总经理杨桐先生在回忆文中最后三段作了总结。杨桐说:"合资企业办得好是我们大家所希望的,但带动国内行业发展,实现'中外两制'也应该是一个不可偏废的目标。从自动化行业现状来看,'技术依赖,行业排斥'已是不争的事实,'合资企业独资化'也有了示例。"

在谈到合资企业Foxboro现状时,杨桐又说:"……外方的施压还在不断发展。公司的经济效益在高速增长，但已不能中外共享，因为企业的权益结构已发生了根本变化，企业的性质也已经由'中外合资'改为了'中外合作'。中方已经不再享有管理权，也不能再分红，只能每年得到一点'固定补偿'。"

对于这些合资企业的今后走向，杨桐说："作为握有决策权的领导们，千万不能片面热衷于'资产运作'和'市场运行'，而放弃了行业发展建设的根本责任，千万不能利用外资仅被外资利用，千万不能忙于'手段'而忘了'目的'。"

杨先生的"总结"引起了我的反思，在此向杨先生致意。笔者也经历了电磁流量计技术引进和中外合资企业筹建工作，一段时期参与企业董事会，退休后仍关注企业的运作。回顾这段工作，运行历程与Foxboro如出一辙，亦认同上述观点。下文以此案例予以诠释。

20世纪80年代中期，Krohne公司携电磁流量计技术转让方案，来华找合作伙伴，最后与上海光华仪表厂成立中外合资企业。中外合资企业一般中方以土地厂房投资，外方以转让技术（know-how）和关键设备投资。双方尽可能设法拥有高的投资比例分红。Krohne公司却要中方用现金向德方购置电磁流量计转让技术作为中方投资，先取得现金以规避风险，宁可少得利润分红，成立初期外方股份仅占30%，但合同规定董事会议事却要双方一致原则。产品投向市场反响良好，销售逐年增加，一段时期占有70%以上市场份额，出乎外方意料，获利甚丰，分红不多。

外方要求改变低比例30%利润分红状况。筹建谈判时所引进产品性能虽然在中国处于领先地位，而在国外已是即将被替代的"生命周期后期"商品。由于"技术依赖"，在合资企业合同期内要再次引进新型号仪表以提高市场竞争力。这一次外方却提出将新型号仪表"专有技术"作为增加的投资，要提高外方拥有的股份比例，从而双方股份接近各半。此后外方挟"技术优势"，以各种理由，每年在董事会提出将股份提高到51%，达到控股的目的，中方未予同意，坚持多年。德方改变策略，于2001年在上海松江成立科隆测量技术（上海）有限公司独资企业，生产新一代电磁流量计和科里奥利质量流量计，占领中国市场，边缘化合资企业。21世纪初，中小国营企业改制，原上海光华仪表厂改为国家拥有原光华厂资产的民营企业。合资企业董事会中方董事不再由组建合资企业的光华厂代表担任，改由上级公司派代表参加，"中外合资企业"实际上演变成"中外合作"，不能再分红，只能每年得到一点补偿。

  仪表与自动化只能靠自主开发，行业才能健康发展，技术引进只能作为过渡手段，不能依赖。以工业控制系统为例，20世纪80～90年代都从国外进口或外商设在中国生产基地供应，为外商所垄断，直到1993年，中控、和利时等企业相继开展自主开发集散控制系统（DCS）并发展壮大，此后外商要在中国市场投标DCS项目，就不容易获得了。

参加第一个进口专利项目
——北京有机化工厂建厂仪表工作

索秀慧

经过三年困难时期,为解决人民温饱问题,将棉田腾出种粮食,购买日本生产的维尼龙成套专利项目,解决穿衣问题。当时我国与日本没有外交关系,只有通过民间贸易解决,这个项目是由廖承志与日本友好人士高琦达之助进行的中日民间贸易项目。廖承志在东京都设立廖承志办事处,高琦达之助在北京设立办事处。

1964年4月,经审查我被调入我国第一个进口专利项目,年产一万吨聚乙烯醇工程北京有机化工厂。它包括两部分:前半部分是聚乙烯醇工程,生产维尼龙的原料,属于化工部领导;后半部生产维尼龙抽丝,由纺织部领导。聚乙烯醇是一种合成纤维,维尼纶厂抽出丝,由纺织厂织成布,就是市场上销售的维尼纶布,代替棉布,比棉布结实耐用。

日本商家是仓敷人造丝株式会社,向日本当时的佐藤政府贷的款。专利权限为7年,也就是7年内中国不能翻版。

我当时负责仪表开箱检验和技术性能验收,并参加安装、调试,及配合工艺试车、开车投入生产,还负责与日本技术人员进行技术对接,每天都要写与日本技术人员的对接纪要。开始与日本人接触时,他们对我这个年轻女技术人员非常看不起。我当时年轻好胜,很生气。

在仪表技术性能检测验收时,我特别仔细认真,结果在测量M/54型气动记录仪表时发现精度达不到0.5级,经与日方谈判,降低为0.75级,这是第一个回合的较量,中国女技术人员的水平并不低。在仪表盘安装过程中,我发现盘后仪表总气源的压力表刻度量程是$2.5kgf/cm^2$,而仪表总供气的压力就是$2.5kgf/cm^2$,没有考虑安全系数,我要求日方更换为$4kgf/cm^2$的压力表,第二回合我又胜了。

每次有日本人回国,我们都要举行宴会送行,这是外交上的礼节。在宴会上,其他留下的日本人都请我以后多多关照他们,自此以后,包括那位课长在内的日本人,对我的态度都有了很大改变,不再看不起我们这些女同胞了。为了中国和日本的友好，在冷冻车间外的空地上，共同种下中日友谊树。

日本这套仪表从重量、体积、功能都要比苏联援建的仪表先进，气动仪表不用焊接铜管，而是铺设管缆，一根管缆有4芯和7芯，中间没有接口，也不用中间接线盒，不会漏气，需要多长就敷设多长，既简便又安全，又省人工，就是造价高。管缆、电缆都是安装在架空的固定桥架上，既整齐好看又方便维护检修，这在当时是先进的技术。输出信号电采用二线制4～20mA直流标准信号，气动仪表输出信号是0.2～1kgf/cm²。

仪表种类齐全。

温度测量有非智能型的记录仪ER型电动仪表，精度小于+0.1%；一次元件有热电阻，测量范围0～600℃；高温有热电偶，测量范围0～1600℃，都是6点、12点不同颜色的记录，防爆等级为IP65；还有智能型从-20～+850℃，波动偏差小于0.05%；非接触式高温型-18～3000℃。

流量仪表有横河株式会社生产的孔板式气动d/e差压变送器，直接安装在现场设备上，输出信号为0.2～1kgf/cm²，孔板都是标准型的，材质为含钼不锈钢，有一块孔板材质为纯钛的，特性脆，易碎，耐醋酸腐蚀。有一种测量黏度从0.3～100000cP液体体积流量的椭圆齿轮流量计，精度很高是0.5级，测量范围最小为10～200L，最大测量范围为1200m³/h，额定压力PN10～100，测量口径为DN6～400mm，完全是机械加工的，由齿轮带动两个椭圆形齿轮的转动来测量流过的液体体积量，椭圆齿轮加工精度要求很高，流过的液体中不能带有气体，需要在椭圆齿轮流量计前面安装一台过滤器，否则测量不准确，有现场指示表显示流量。适用于各种黏稠液体测量，可远距离传送，操作安全，使用寿命长。

挡板式流量计，精度是测量值±2%，满度值±1%，测量范围夹装式为1.5～1300m³/h，法兰式35～10000m³/h，额定压力PN10～40，测量口径夹装式为DN15～300mm，法兰式DN300～6000mm，有水平安装和垂直安装两种，带现场指示表显示流量。适用于液体、气体、混浊和黏稠、腐蚀性强、危险、易燃易爆介质流量测量，结构简单、坚固，使用方便。

远传式金属转子流量计是容积式，精度为测量值的±1.5%～±2%，测量范围为0.015～1700m³/h（水），额定压力PN10～40，测量口径DN10～1200mm，垂直安装，带现场指示表显示流量，可测量液体、气体，以及混浊和黏稠、腐蚀性强、危险介质的流量，全金属耐高温、高压，高稳定性、高可靠性、无变差的磁力测量转换器，线性流量显示和信号输出。

电磁流量计测量精度标准型±0.75%，经济性±1%，单点插入式±2%，双点插入式±1%，测量范围0～10m³/s，额定压力PN10～40，测量口径DN15～100mm，安装方式有垂直和水平两种。连接方法是法兰式，有一体式和分体式两种，对前后直管段要求比较严格，电极形状有平面的、点状的、半球状（标准型）、锥形及带自动清洗电极的。衬里材质有硬橡胶、碳钢、不锈钢及哈氏合金。电极材料有不锈钢、哈氏合金、钽、铂、金、钛等，防爆等级为IP65、67、68，可自选。

容积式玻璃转子流量计是安装在管道上的现场指示性仪表，测量精度为±2.5%～±4%，测量口径DN6～100mm，适用于易燃易爆介质，结构简单坚固。

液位测量采用接触式外浮筒液位计，材料都是不锈钢的，可以和介质直接接触，所以测量的液位比较准确。测量液位的还有d/e法兰式液位变送器，基本用于高设备塔和储罐液位测量。为了防腐蚀，装有隔膜。

压力测量有电点式和隔膜式压力表，还有M/54气动记录仪和M/58气动调节器。

全厂仪表集中两个控制室，一个是前半部的合成工段仪表控制室，另一个是后半部的皂化工段仪表控制室。仪表盘是半模拟的，半模拟仪表盘安装在仪表盘上部。气动调节阀、执行机构是薄膜式的，有正作用和反作用两种形式，带阀门定位器，密封填料是聚四氟乙烯形填料，有单座阀和双座阀两种。阀芯有线性的、等百分比的及抛物线的。输出的是4～20mA电信号。电气转换器不仅有单回路调节系统，还有复杂的调节系统，合成工段的串级调节系统控制合成反应器的温度，皂化工段的比率调节系统控制皂化工段的碱流量和树脂浓度，用来保证产品的质量，当时在国内是先进的技术。这两个系统都是控制有机化工厂连续生产最关键的仪表，一点差错都不能出现，否则不仅会影响产品质量，还会出现安全问题。

1965年7月，聚乙烯醇第一套装置安装调试已完成，在日本技术人员的指导下成功开车，生产一切正常。到了10月份，第二套装置也具备了开车条件，中国提出要自己开车，不要日本人指导。开始日本人不同意，当时工艺操作人员都很年轻，日本人看不起这些年轻人，经过几次谈判，中国再三坚持，日本最后才同意。这些年轻的工艺操作人员都是学化工高分子专业的大学生和中专生，没有辜负大家的信任，也是一次开车成功，生产出来的产品都合格，显示了中国人的聪明才智，为中国大大争了气，使日本人感到惊讶。

　　中间产品均为液体，有一个大型储罐场，共有32个大型储罐，都是不锈钢的。焊接是用直流氩弧焊，日本人以为中国没有直流氩弧焊机，也没有掌握这个技术的人员，他们来了4个焊工，需要中方支付每人每天250美元，厂里没同意。通过市领导，从北京金属结构厂借来技术最高的两位师傅，日本人不同意，经谈判在现场考核。中方两位师傅在两块不锈钢板缝隙上焊直线，日方两个焊接工同样焊两块不锈钢板缝隙，经过检查，中方两位师傅的焊接点比日方的焊接点直又不漏，最后日方不得不同意32个大型储罐由中方两位师傅焊接，为国家节约了一笔外汇。

　　1965年，佐藤政府提出要提前还贷款，仓敷人造丝株式会社总裁来北京。我们同意提前归还贷款。第一套进口专利项目圆满画上了句号。

　　1966年5月，全厂生产已正常，日本技术人员陆续回国。为了掌握日本仪表记录墨水不沉淀、不堵记录笔的技术，特请上海民生墨水厂的私方朱厂长飞到北京，从技术上来鉴别日本提供的墨水配方真伪。我在朱厂长的隔壁房间，和日本横河电机株式会社的技术人员谈墨水配方，每谈40～50分钟休息一次，然后到隔壁房间将日方的墨水配方给朱厂长看，请他辨别真伪，经近4小时谈判，日本人也没把真正的墨水配方告诉我们，下午他就要飞回日本，谈判只好停止。

　　聚乙烯醇成套设备共装了九船运到中国，第八船、第九船是备品和样机。1967年，为仿制日本进口仪表，机械工业部沈宏部长亲自到北京有机化工厂了解情况，我被指派陪同沈部长参观，沈部长看完后说，机械工业部要下红头文件给全国各地的仪表厂，你们派人带着文件到各地去落实，将近一年时间，我去过上海仪表公司下属的自动化仪表一厂了解气动差压变送器试制情况，主要问题是膜盒和放大器的节流孔不过关，二厂和三厂是记录笔和长图记录纸问题，四厂是隔膜压力表的隔膜，五厂、六厂是内浮筒式液位计，七厂是调节阀的阀门定位器，八厂、九厂，还有记录纸厂的长图记录纸因纸厚、直径大，装不进记录仪，记录墨水厂的墨水不洇不堵笔没解决，机械工业部自动化仪表研究所的气动记录设计没出来，上海分析仪表厂的实验室酸度计、电导率，共十二个厂、一个研究所。还有无锡仪表阀门厂和鞍山仪表阀门厂的气动调节阀的不锈钢阀体铸造问题，常州热工仪表厂的玻璃转子流量计，广东肇庆仪表厂的气动仪表，合肥仪表厂椭圆齿轮流量计的加工工艺没过关，开封仪表厂的气动远传转子流量计在加工中，辽阳热工仪表厂的外浮筒式液位计，沈阳热工仪表所的膜片，西安仪表厂的不锈钢弹簧管压力表等二十多个仪表厂。落实结果，每个厂情况不一样，有的单位已开始做样机，有的厂子还在设计阶段，回京后汇报，想用国内的仿制仪表作备品备件，时间来不及，申请外汇进口的可能性非常小。仪表车间初玉珂主任决定利用车间现有设备，仿制 d/e 差压变送器和法兰式差压变送器及 M/54 气动记录仪，还有椭圆齿轮流量计。

  初主任从大连工学院请来教制图的蔡老师帮助测绘，经过2个多月测绘，完成了d/e差压变送器46个仪表零件图纸的绘制工作。我们立即着手组织钳工组和车工组共同攻关，一个零部件一个零部件加工，奋战三个多月，终于把46个零件加工完成。关键是膜盒和膜片，膜片波纹是正弦波，需要做一个像膜片硬芯的模具来压制膜片，有了合格的膜片，再将膜片放在膜盒的硬芯上，波纹一定要吻合，再进行点焊，抽真空，灌硅油，膜盒做好后，才能组装整台仪表，然后进行仪表调校。由于是手动加工，不标准，精度只有1.5级，使用没有问题。仿制成功后，趁热打铁，继续加工零部件。这次下了6台的料，最后5台达到1.5级，1台2.0级。支援北京化工实验厂2台，化工部化工装备总公司拿走1台，北京化工学院仪表自动化系要走1台作教学用，其余留下自用。因为我要参加年产二万吨聚乙烯醇的自控仪表设计，法兰式差压变送器及M/54气动记录仪的仿制工作就停止了。椭圆齿轮流量计的关键部件是两个椭圆齿轮，它的齿高度不一样，加工起来困难较大，我和铣工朱师傅探讨用进口椭圆齿轮作标准来仿制，朱师傅和钳工师傅一起把铣床改造一下，成为仿型铣床，做了一个架子固定的标准齿轮，经过近2个月的努力，一对椭圆齿轮终于完成了，但有一个问题没有解决，椭圆的小弧面齿高没有低于大弧面齿高，装不进表壳里，为了减低小弧面齿高度，钳工小田师傅用仪表细小锉刀，一点一点地锉好。组装好调校时，发现两个齿轮之间的间隙太大，误差也大，结果无法使用，仿制就此停止。

从1966年底开始到1972年底，我先后参加仿日仪表的鉴定会，有常州热工仪表厂玻璃转子流量计，合肥仪表厂椭圆齿轮流量计，开封仪表厂气动远传金属转子流量计和电磁流量计，无锡仪表厂单双座气动薄膜调节阀，鞍山热工仪表厂不锈钢抛物线特性气动薄膜调节阀，上海自动化仪表七厂阀门定位器，辽阳仪表厂外浮筒式液面计，及上海热工仪表研究所液体流量标定装置（我将北京有机化工厂流量标定装置测绘好的图纸给了上海热工仪表研究所，他们参照这份图纸建起国内第一个流量标定装置）。还参加了徐州机械厂饱和蒸气和过热蒸气标定装置鉴定会，气动单元组合仪表出厂检验技术标准的通过，以及上海热工仪表研究所汪克诚主编的《调节阀手册》讨论等工作。

1969年，日本仓敷人造丝株式会社提出要来北京有机化工厂了解情况，看看设备的运转和生产产品如何。他们称这是对聚乙烯醇工程的回访。日本人参观完说，没想到这套装置两年多了生产还很正常。

1970年，为了扩大聚乙烯醇生产，厂里决定不委托设计院而自行设计，我参加了沈济远负责的年产二万吨聚乙烯醇的自控仪表设计、技术交底、仪表订货、安装、调试、开车投入正常生产及维护检修全过程。这次选用的仪表大多是国产仪表，除合成工段的串级调节系统和皂化工段的比率调节系统是用日本提供的备品，直到自行设计的第三套聚乙烯醇生产装置投入生产。

1971年夏，有一天下午2点多，合成工段总流量FRC201调节系统突然失灵，正好车间主任和厂领导都到化工局开会去了，现场仪表维修工找到我，问如何解决，主管领导都不在家，没人负责，如不抓紧处理，就会使合成工段及全厂生产发生安全事故，我急忙赶到现场检查FRC201调节系统，发现是气动调节阀的执行机构里隔膜破了，考虑一下，决定更换执行机构，我让施建英到备品库找一台规格完全一样的气动调节阀，把执行机构拆下来拿到现场，并准备好各种工具。

我和合成工段值班长王国权联系，请他将FRC201调节系统从自动位置切入手动位置,再转到旁路,由人工操作阀门,待生产一切正常,我、施建英和几个仪表工,男的负责把坏的拆下来,施建英和两个女仪表工负责装上新的执行机构,接好管线。一切都完成后,他们在现场看着,我到控制室通知值班工长王国权,由旁路切回FRC201调节系统的手动位置,仪表显示正常,再由手动位置切回到自动位置,待整个合成工段运行稳定,才算完成任务。大家都松了一口气。等到领导回来时,我们已把一切都完成了。初玉珂主任听到汇报,高兴地说,你们真是胆大心细,完成了一个让人不敢想的危险任务,既不停产又保证了安全。

  聚乙烯醇生产装置是全套进口的。公用工程部分是国内设计的,配的仪表也是国内生产的。1971年秋,一年一度全厂停车大检修时,仪表人员正在动力车间校验国内生产的蒸汽压力调节仪表。那天正巧我去动力车间办事,任道远叫我过去看看04型压力调节仪表,他们已调校两天了,怎么也校验不好,不好推辞,只能帮他们调一下,结果很快就调好了。经过这两次事,"技术大拿"的雅号就成为事实了。因此,我一直坚守在生产第一线,直到1973年,化工部下文件,要北京有机化工厂技校开办仪表专业,我调去做筹办工作,直到该校招生开学,送走第一批毕业生。

曾经的岁月
——与搬迁有关的一段回忆

仇永兰

这张黑白的、略微已有些模糊的老照片，是1966年元月上海搬迁小组前往重庆启程前在外滩的合影，照片上一张张年轻的脸庞定格在了那个时刻。

前排左起：彭雨田、伍立、韩启荣、陆椿年
后排左起：徐永庆、刘子云、郑进乐、周新奎、叶国本、仇永兰

1965年，一机部仪表专用材料研究所（株洲筹备处）已选定上海嘉定为新所址，与上海合金厂为邻，万事俱备，只欠户口。当时，分散在北京、天津、昆明、东北等地的实习人员已集中到上海，分别在上海材料研究所八室、上海热工仪表研究所贵金属专业大组、上海电器科学研究所合金室、上海钢铁研究所和上海硅酸盐研究所等单位实习。毛主席提出"备战备荒""建设三线"大政方针，株洲所首当其冲内迁重庆，上海材料所八室和上海热工所贵金属一并随迁重庆合并为重庆仪表材料研究所。上海和株洲两市各设一个搬迁小组。

1964～1965年，我在上海电器科学研究所合金室镍铬-镍硅热电偶课题组实习，该课题与上海合金厂（前身铜仁合金工厂）合作。我经常去嘉定进行工艺试验，尤其是课题鉴定前，我负责工艺批量考核，撰写工艺考核报告。那时，为了节约旅馆费开支，从大自鸣钟附近旅社搬到漕河泾热工所宿舍，每天早晨换两次车赶到电器所上班，再赶长途车到嘉定做试验，晚饭后，从嘉定再赶到虹口区夜校上英语补习班，上完课再倒两次车回到漕河泾宿舍休息。从早到晚，东南西北，马不停蹄。那个时代的年轻人，同样是非常辛苦的！不同之处，他们心怀报国大志，不怕苦，不怕累而已！

上海合金厂和株洲所捆绑着搬迁，付岷所长曾派我全方位清点上海合金厂一、二、三和四车间资产，包括厂房布置图、动力配置、水电气原辅材料消耗指标、生产工艺流程和工时定额等。因此，我和上海合金厂、四川仪表一厂的领导、工人师傅们早就相识。在以后开展课题等各项工作中，得到他们的大力支持和无私的援助。

1965年"四清"运动期间，电器所的老师们自我揭发出对株洲所实习人员搞"假配方"。当时，所领导非常重视，召集株洲所实习人员代表开座谈会，郑重赔礼道歉，成为一段历史佳话。通过这件事，我们这个专业组制定了行为准则若干条：其一，绝不搞技术封锁；其二，不敲军工竹杠；其三，群策群力，走群众技术路线等。

1965年11月，付所长从重庆来到上海，风尘仆仆召开本小组座谈会，通报重庆基建进度，强调"厂所一条龙设计"。说白了，就是全所唯有我们这个组，除人员而外，不具备任何基本的研究条件，希望继续留在电器所1～2年，争取把电器所测温材料专业组也合并到重庆去。大家面面相觑。热血青年早就憋足了劲，不就是没条件？学大庆嘛！"一张白纸可画上最美的图画"。大家一致要求回所创业。最后，付所长作出决定，全部都走，一个不留！

大家兴高采烈，抓紧最后一段时间，到上海图书馆查阅热电偶资料，从20世纪30年代查起，边查边建卡片，发现"铠装热电偶"（注：产品标准化前，简称套管热电偶，全名矿物绝缘不锈钢套管热电偶）产品，最细0.25mm，可弯曲、抗震、耐压，长度可达百米以上，不仅满足原子能工业需要，石油、化工等民用工业同样需要。它所具备的特点给测温元件带来一次大变革。当时，国际上意大利飞利浦公司率先开始商品化生产，也只有十年历史，文献报道寥寥无几。文献强调指出，在产品加工和使用过程中，必须严格防止污染和吸湿，这是从未遇到过的挑战。实习组长宫起顺不惧"一穷二白"条件，果断向部里追报"铠装热电偶"课题计划任务书（宫起顺能力超强，是个难得的全方位人才，1969年，两地分居的爱人生小孩，因在商业系统工作，当时所里不接受，无奈调走，到大连任大华电子研究所所长——这是后话）。全组同志除我回家探亲外，于年底全部去重庆。我回家不久，一封"立即返沪，随搬迁组赴渝"的电报，让我又返回到上海。原来是部里已批准并追加下达了"铠装热电偶"课题计划。第二研究室余福先主任坐镇重庆，安排我负责研究这项军工课题。

一封电报如同一支"令箭"，我像一名应召出征的战士，告别双亲，立即返回到上海，加入到上海材料所搬迁组，也就出现在了上海外滩搬迁人员合影中，并且是其中唯一的一员"女将"。

叶国本和金吉琰分别负责上海热工所和上海材料所的搬迁，伍立（科长）总负责。搬迁人员分三路走。

第一路，由伍立和陆椿年随身携带贵金属材料，乘刚开通三天的上海直达重庆列车，于1月13日启程。

第二路，设备和不怕磕碰的物资交铁路货运。由郑进乐（组长）、徐永庆、彭雨田、刘子云和陈华中押车。这一路吃、住都在"闷罐"车厢里，货车没有准点，走走停停，有时会在前不着村后不着店的地方停下来让车，一日三餐不能正常解决，条件较为艰苦。

第三路，仪器怕震动，走水路。仪器中，有的倾斜度不得超过15°，船运相对平稳，由金道同（组长）、王希成、韩启荣、周新奎和我负责押运。所乘"夔门号"是毛主席、周总理等中央领导曾经乘过的，经上海港务局安排，可见当时对内迁工作的重视。它由黄浦江进入长江，逆水西上，优哉游哉，一路饱览三峡风光。

1月18日，行至万县（今万州），正值除夕，船上为旅客组织春节联欢晚会，金大（金道同昵称）一展歌喉，尽情歌唱，他平时讲话时有些口吃，但唱起歌来流畅异常，歌声雄厚柔和、悦耳动听。2008年，上海地区（涵盖长三角区）退休人员一年一度聚会，我应邀参加并住在他家中，他兴致盎然，旧事重提对我说，"仇永兰，船上春晚联欢会上你还唱了一首歌的噢！"他对48年前除夕联欢会记忆犹新。

"夔门号"逆水行舟7昼夜，抵达重庆朝天门码头。当天，仪器设备转到嘉陵江一艘小货船上，我、王希成和韩启荣三人先行回所报信，金大和周新奎留守船上。次日清晨抵达三花石，岸边已候着一大群同事等着卸货，船刚靠岸，大家争先恐后，七手八脚，背的背、抬的抬，不分男女老幼、群众干部，嘉陵江边，三花石旁，空前热闹，记忆犹新。困难时期倡导"自力更生，艰苦奋斗，勤俭节约"，能省则省。在建所初期，类似这样"自己干"的事例很多，例如，建"三室工棚——简易车间"和"二室粉末车间"，技术人员自己动手挖地基，浇灌混凝土，干得热火朝天，非常辛苦。徐家相同志用黑白老照片把当时情景记录下来，载入历史史册。

一封电报使我与"铠装热电偶"结下不解之缘，一干就是20个春秋。想当初，没有条件搞组合体拉伸试验，就千方百计想尝尝"旋锻"加工的滋味；没有不锈钢管，用自来水管；没有200目的电熔氧化镁粉，就从川仪一厂打坩埚用的镁砂中一遍遍过筛，淘200目粉；没有偶丝，就拿基建工地上绑钢筋用的铁丝来代替……此后，接二连三接受这样类似的一张白纸式条件的课题，依靠毛泽东思想，战胜了一个又一个困难，研制成功"镍铬-镍硅和镍铬-考铜铠装热电偶"、铱铑合金"高温高速气流瞬变温度传感器"、铂钼合金"核场用铠装热电偶"、宇宙飞船用"铠装加热器和电源引线"、川气工程攻关"抗硫耐冲刷高压快速铜电阻温度计"等部属重点项目，以及其他用户需要的众多新产品。其中，"铠装热电偶系列"于1978年获得全国第一届科学大会奖。本人历任课题和攻关项目负责人。继宫起顺之后，历任专业大组长。

光阴似箭，转眼已是数十年前的故事了。个中酸、甜、苦、辣滋味，足够令人回味无穷，乐在其中。相信昨日的重庆仪表材料研究所，今天的重庆材料研究院有限公司，在全体干部职工的共同努力下，定能发扬光大，再创辉煌。

2015年原稿发表在重庆材料研究院院报
2018年3月再次修改

作者简介

仇永兰，女，江苏仪征人，1939年5月生，高级工程师。1963年毕业于北京钢铁学院特种金属材料压力加工专业，分配到一机部仪表专用材料研究所。中国铠装热电偶元老之一，历任课题负责人、攻关组长和专业大组长。"铠装热电偶系列"成果获第一届全国科学大会奖。中国仪表材料产品质量监督检验中心开拓者之一。

如日方升（企业篇）

（上接第四辑）

（四）成立仪器仪表科研教育机构

1956年，国务院科学规划委员会认为仪器仪表工业是我国国民经济的薄弱环节之一，要求在第二个五年计划期间加速发展仪器仪表工业。1956年5月31日，国务院批准第一机械工业部（下简称"一机部"）成立仪器仪表局。紧接着，杨天放局长带领七人工作组到上海，与上海市有关部门商讨上海地区的仪器仪表工业发展规划，同时筹划在上海建立仪器仪表科学研究所。经商定，同意以原"轻工业部上海科学研究所"的仪器仪表组为基础，筹建"上海仪器仪表科学研究所"。1956年9月，一机部委派四局陆朱明处长作为全权负责人，率部分干部到上海主持筹备工作。依靠"轻工业部上海科学研究所"的仪器仪表组作为骨干，主任王良楣与上海市工业部门一起草拟了上海市仪器仪表工业发展规划（其中包括"上海仪器仪表科学研究所"的设计任务书）。1956年10月16日，国务院批准将"轻工业部上海科学研究所"的仪器仪表组技术人员26人、技术工人34人、固定资产55万元作为基础，筹建新所——"第一机械工业部上海仪器仪表科学研究所"（即上海工业自动化仪表研究所）。同时选中上海徐家汇西南方向的一块荒地（漕河泾，即现在的漕宝路103号）建设新所。这是我国仪器仪表行业第一个国家级研究所，是我国仪器仪表和自动化技术发展史上的一个新里程碑。

后来，又相继建立了上海电工仪器研究所、上海光学仪器研究所、上海市仪表电讯工业专科学校等市属科研教育机构，见表7。

这些科研教育机构得到迅速发展，大大加强了上海仪器仪表工业的产品开发和人才培养的力量，促进上海仪器仪表行业的技术进步。

表7　上海仪器仪表行业科研教育机构

序	年代	研究机构名称及其演变
1	1956.10	一机部上海仪器仪表科学研究所→一机部热工仪表研究所→一机部上海工业自动化仪表研究所
2	1958	上海电工仪器研究室（设在上海电表厂内）→（1964年）上海电工仪器研究所（归属上海仪表局），1979年更名为上海仪器仪表研究所
3	1958	上海光学仪器研究室（设在上海光学仪器厂内）→上海光学仪器研究所（归属上海仪表局）
4	1959	上海市仪表电讯工业专科学校（归属上海仪表局）

（五）上海仪器仪表工业支援"三线"建设

从"加强战备""合理布局"的指导思想出发，机械工业部从1963年开始着手进行内地三线仪器仪表工业的建设工作，作为沿海地区的上海仪器仪表工业，义不容辞地担负起了这项光荣的任务。1966～1970年是三线建设高潮，上海共有33个企业参加内地建设，选派了5205名职工及其家属645户1843人分赴各内迁厂。与此同时，还有三个单位参加了安徽的三线建设，作为上海的后方基地。迁厂情况见表8。

表8　上海仪表行业支援三线建设情况表

序	厂名	内迁地区	内迁厂名	人数	设备台数	内迁日期
1	上海电表厂	贵阳	永青示波器厂	403	100	1966.6
2	第二电表厂	贵阳	永恒电表厂	155	49	1966.5
3	东方红电表厂	贵阳	永胜电表厂	100	35	1966.2
4	浦江电表厂	贵阳	永胜电表厂	166	45	1966.8
5	上海电工仪器厂	甘肃天水	长城仪器厂	100	25	1966.2
6	上海微型电机厂	西安	陕西微电机厂	248	2	1966.11
7	上海微型轴承厂	贵州安顺	虹山四分厂	260	221	1966.7
8	上海合金厂	重庆	花石材料厂	400	205	1966.5
9	上海试验设备厂	重庆	重庆试验设备厂	61	15	1966.9
10	上海转速表厂	重庆	重庆转速表厂	61	50	1966.8
11	上海仪表零件厂	重庆	重庆仪表零件厂	53	77	1966.2
12	上海仪表游丝厂	重庆	西南仪表游丝厂	36	25	1966.2
13	华东电子仪器厂	成都	成都科学仪器厂	52		1966.6
14	自动化仪表四厂	陕西宝鸡	宝鸡仪表厂	153		1966.9
15	自动化仪表七厂	宁夏吴忠	吴忠调节阀厂	63		1966.3
16	上海光学仪器厂	贵阳	新添光学仪器厂	1082		1966.10
17	上海教育仪器厂	西安	西安教育仪器厂	154		1966.10

续表

序	厂名	内迁地区	内迁厂名	人数	设备台数	内迁日期
18	上海地质仪器厂	重庆	重庆地质仪器厂	330		1969.4
19	大华仪表厂	重庆	曙光仪表厂	300		1969.7
20	中国电工厂	成都	西南电工厂	160		1969
21	红卫木壳厂	贵阳	新添光学仪器厂	18		1970
22	仪表冲压件厂	重庆	重庆试验设备厂	19		1970
23	仪表烘漆厂	重庆	四川热工仪表总厂	31		1969.7
24	仪表胶木厂	重庆	四川仪表塑料胶木厂	22		1971
25	仪表塑料件厂	重庆	四川仪表塑料胶木厂	8		1971
26	仪表铸锻厂	重庆	四川仪表铸锻厂	106		1971
27	仪表钢模厂	重庆	四川仪表钢模厂	27		1972
28	自动化仪表九厂	重庆	四川小模数齿轮厂	114		1972
29	仪表电镀厂	重庆	四川仪表电镀厂	57		1970.6
30	仪表晶体元件厂	重庆	四川宝石轴承厂	119		1970.10
31	光华仪表厂	武汉	二六五厂	195		1970.2
32	黄河仪表厂	湖北襄樊	5763厂	30		1970.8
33	天平仪器厂	湖南洪江	湘西精密天平厂	130		1970.2
34	上海微型电机厂	皖南	朝阳微型电机厂	311		1970
35	上海电工仪器研究所	皖南	新安电工仪器研究所	106	160	1966.12
36	上海微型轴承厂	皖南	上海小型轴承厂	20		1970

这些内迁厂后来逐步形成了我国内地仪器仪表工业基地，为"备战、备荒、为人民"的三线建设作出了不可磨灭的巨大贡献。

（六）振兴时期的上海仪器仪表工业（1977～1986年）

1978年12月，党的十一届三中全会确定了把工作重点转移到社会主义现代化建设上来，实现了中华人民共和国成立以来我党历史上具有深远意义的伟大转折。这时上海的仪器仪表工业开始走上振兴之路。1979年5月，上海光学仪器厂、上海分析仪器厂等十一家工厂和上海光学仪器研究所从上海仪器仪表工业公司分离出来，单独成立上海光学仪器工业公司。20世纪80年代初，上海仪器仪表行业开始从国外引进新技术、新工艺、新设备、新材料。电工仪器仪表企业、电子测量仪器企业从国外引进如6*1/2位数字万用电表制造技术和设备、示波器、电子计数器和信号发生器等生产流水线和技术资料等，进一步提高了自身开发能力，各大类产品逐步向国际标准靠拢，加速产品升级换代。1982年，上海仪器仪表工业公司与美国福克斯波罗公司合资，成立上海·福克斯波罗有限公司，成为国内仪表行业首创与美国合资的高技术仪表企业。1986年下半年，随着国家经济体制的改革，上海仪器仪表工业公司、上海光学仪器仪表公司撤销，企业直属上海市仪表电讯工业局领导。同年11月，上海自动化仪表公司成立。

据1983年统计，上海市仪器仪表工业公司归口企业55户，职工人数33355人，固定资产原值22463.6万元，利润总额24982万元。为国民经济各部门提供的各类仪器仪表占全国产量的35%（1982年统计）。这期间上海市仪器仪表工业企业见表9。

表9 振兴时期的上海仪器仪表企业

序	企业名称	主要业务	工业总产值/万元
1	上海自动化仪表一厂	自动化仪表、电工仪表	1966.3
2	大华仪表厂	自动化仪表	3263.5
3	上海自动化仪表三厂	自动化仪表	4006.1
4	上海自动化仪表四厂	自动化仪表	1350.3
5	上海自动化仪表五厂	自动化仪表	679.5
6	上海自动化仪表六厂	自动化仪表	2158.1
7	上海自动化仪表七厂	自动化仪表	741.4
8	上海自动化仪表九厂	自动化仪表	1349.5
9	上海自动化仪表十一厂	自动化仪表	1940.6
10	上海调节器厂	自动化仪表	2243.5
11	上海仪器仪表成套厂	自动化仪表	708.3
12	上海转速表厂	自动化仪表	527.2
13	华东电子仪器厂	实验室仪器	1756.6
14	上海电表厂	电工仪表	4284.0
15	上海第二电表厂	电工仪表	1271.9
16	上海第四电表厂	电工仪表	1524.5
17	上海第五电表厂	电工仪表	1883.4
18	上海第六电表厂	电工仪表	843.1
19	上海电工仪器厂	电工仪表	1016.7
20	沪光仪器厂	电工仪表	1060.5

续表

序	企业名称	主要业务	工业总产值/万元
21	浦江电表厂	电工仪表	2203.1
22	上海电度表厂	三相电度表	3605.0
23	上海电工仪器仪表修配厂	修理	18.0
24	上海天平仪器厂	实验室仪器	1283.1
25	上海第二天平仪器厂	实验室仪器	542.4
26	上海电热电器厂	电热元件	1421.0
27	上海微型电机厂	微电机	3245.5
28	上海仪表机械厂	水表	1963.4
29	上海仪表铜厂	铜材加工	468.7
30	中国电工厂	漆包线	7295.9
31	上海合金厂	合金材料	4100.7
32	上海仪表磁钢厂	合金材料	2513.1
33	上海地质仪器厂	地质仪器	530.3
34	新风仪表元件厂	仪表元件	495.0
35	上海仪表电机厂	仪表元件	919.0
36	上海仪表零件厂	仪表元件	193.7
37	上海仪表晶体元件厂	仪表元件	277.9
38	上海仪表游丝厂	仪表元件	145.3
39	上海仪表弹性元件厂	仪表元件	363.4
40	上海仪表变压器厂	仪表元件	1664.3
41	上海仪表冲压件厂	自动化仪表	1154.7
42	上海仪表粉末冶金厂	粉末冶金件	473.6
43	上海仪表铸锻厂	仪表铸锻件	961.6
44	上海仪表钢模厂	仪表模具	433.5
45	上海仪表塑料件厂	仪表塑料件	531.9
46	上海仪表胶木厂	仪表胶木件	383.8
47	上海仪表木壳二厂	仪表木壳	204.7
48	上海仪表表牌厂	仪表表牌	288.4
49	上海仪表表牌二厂	仪表表牌	350.8
50	上海仪表电镀厂	电镀	185.0
51	上海仪表烘漆厂	烘漆	349.8
52	上海气象仪器厂	气象仪器	474.0
53	新誉仪器厂		237.9
54	上海电度表分厂	电度表	298.2
55	上海福克斯波罗公司	自动化仪表	
56	光华仪表厂	自动化仪表	662.3

这时的上海仪器仪表工业已成为我国仪器仪表行业三大集团之"老大"。

五、技术源泉

上海仪器仪表产品的技术源泉主要是体现企业广大职工的聪明才智，这是内因。同时，外部的技术源泉也发挥了不可否认的重要作用。外部的技术源泉主要来自以下几方面。

（一）仿造了一批有水平的产品

在第一个五年计划后两年，上海仪器仪表工业发展新品种迅速。当时发展新产品的道路主要是以苏联产品图纸及苏联样机仿制为基础，广泛地学习苏联的技术，取得了较快和较好的效果，见表10。

表10 早期仿制量大面广的苏联一般水平的产品

序	年代	企业	仿制产品
1	1953～1955年	上海电表厂 申电电表厂	Э30、M340、д340等开关板电表系列，TП46、TM46型毫伏计，CГ、д33型自动毫伏记录仪表
2	1953～1955年	新成仪表厂 星星仪表厂	дП型流量计，MC、MГ型压力计，TГ、TC温包式温度计等指示、记录仪表系列
3	1953～1955年	综合仪器厂	OППИP-09型光学高温计、ПP型辐射高温计

到第一个五年计划后期（1955～1957年），着手仿制了一批当时苏联和其他国家技术先进的（如采用电子技术）和较精密的仪器仪表产品，以适应国内重点建设项目的需要，见表11、表12。

表11 后期仿制苏联技术先进的产品

序	年代	企业	仿制产品
1	1955～1957年	新成仪表厂	基地式气动调节仪表系列
2	1957年	大华仪表厂	эПП-09型多点自动记录电子电位差计
3	1956年	光华仪表厂	40mm口径椭圆齿轮流量计（0.5级精度）
4	1955～1956年	上海电表厂	эП120、эПд17型自动电子电位差记录仪，SPM47型电子式温度控制仪，иP130型电子式调节器，ППTB型精密电位差计，MTB型精密电桥、检流计等电工计量用仪器

表12 仿制其他技术先进国家的产品

序	年代	企业	仿制产品
1		方能仪器厂（上海第二天平厂前身）	制造成第一台链条天平
2		联研电工仪器厂（上海电工仪器厂前身）	携带式电桥、电位差计
3	1957年前	沪光仪器厂	交流电阻箱、电容箱、阻抗电桥、万能电桥等
4	1953年	大地电表厂（上海第四电表厂前身）	100型电路分析器
5		和成电器厂（上海电度表厂前身）	大量生产仿西门子w6型电度表等

（二）参加全国统一设计

在中国仪器仪表工业发展过程中，上海仪器仪表行业也参与了我国12年科学技术发展远景规划和我国仪器仪表工业发展规划的制定。1958年，在国家科委仪器组组织领导下的工业仪表标准化工作会议上，要求积极组织工业仪表产品系列化设计和开发单元组合式仪表。在"上海工业自动化仪表研究所"的组织带领下，上海有关专业仪表制造厂积极参加，开展制定全国自动化仪表系列产品及主要部件的统一命名、编号和设计规范等工作。同时，先后参加了水表、玻璃转子流量计、浮子式差压计、电磁流量计、气动执行机构与调节阀、自动平衡式显示仪表、动圈指示调节仪表、数字式显示仪表，以及气动单元组合仪表（QDZ系列）、电动单元组合仪表（DDZ系列）等10类仪表的全国统一设计，涉及一大批产品。这个真正"多快好省"的办法，促使上海自动化仪表行业面貌发生了迅速改观，大大促进了上海自动化仪表行业的技术进步。

（三）研究所的技术转移

20世纪60年代初，按国家科委制定的《科研工作十六条》规定，"科研与生产相结合""科研为生产服务"，各研究所的科研成果均无偿移交给相关生产厂。上海许多仪表厂接受了各研究所的许多科研成果，再结合本厂的工艺条件，转化成产品。例如上海调节器厂接受了上海工业自动化仪表研究所研制的JS-10型工业控制计算机的科研成果，开辟了上海仪表工业研制生产工业控制计算机的道路；上海第三电表厂等企业生产上海电工仪器研究所的科研成果"组件化数据采集装置"等。

这些依靠国内技术源泉制造的仪器仪表产品，构成了我国自力更生发展的第一代"中国货"，基本满足了国家工业建设需要，这是广大仪器仪表同仁们的骄傲！

尾言

本文只能让读者了解一些上海仪器仪表工业发展历史概况，若需知详情，可参阅《上海电子仪表工业志》（上海社会科学院出版社出版）。

作者简介

顾巨川，1927年出生，江苏太仓人，毕业于上海财经学院，复旦大学进修，高级经济师。1950年初进入上海医疗器械厂工作，先后任会计员、共青团总支书记、车间党支部书记、厂办主任、厂党委宣传部长、副厂长等职。1970年调入上海仪器仪表工业公司工作，先后任公司生产大组长、副经理、经理等职务，并兼任上海·福克斯波罗公司董事长。退休后从事全国仪表学会工作，任中国仪器仪表学会管理科学分会常务副理事长，兼华东地区分会理事长，毕生从事仪器仪表工业工作。2016年9月去世。

范建文，男，1939年3月出生，上海市人，毕业于上海机械学院（现上海理工大学）。1958年9月参加工作。曾任机电部上海工业自动化仪表研究所所长，研究员级高级工程师。发表论文《内磁式涡轮流量变送器》《用音速喷嘴测量气体流量的湿度修正》《实行所长负责制后，如何当所长》等。

奋发创业六十年 科技创新庆辉煌

刘慰严

星移斗转，岁月如梭，SIPAI创业发展六十周年大庆重要时刻已迎面扑来。这一特大喜庆值得全院上下欢欣鼓舞隆重庆贺，同时，我们要抚今追昔，回顾过去的艰辛历程和创新发展所取得的辉煌成就，承前启后，意义重大。

SIPAI（西派埃）是上海工业自动化仪表研究所的简称，由Shanghai Institute of Process Automaion Instrumentation这五个单词的第一个字母所组成。

SIPAI创建于1956年10月，是我国仪器仪表行业和自动化技术领域第一个国家级研究所。

当时机械工业部委派陆朱明处长专程从北京来到上海，会同王良楣主任一起筹建SIPAI。1956年10月建所后，经机械工业部批准，所名为"上海仪器仪表科学研究所"，并任命陆朱明任所长，王良楣任副所长。

SIPAI建所前原是轻工业部上海工业试验所里的一个仪器仪表研究室，地址在静安区北京西路1320号。

1956年10月SIPAI建所时，所址在北京西路1320号园区内的1318号楼，在这幢楼的北面还有五间办公用房和一幢800m^2的金加工车间楼。

随着国民经济的发展需求，科研项目和科技人员的迅速增长，原有用房规模已远远不相适应。当时由于规划中的漕宝路103号园区内的基建工程要到1959年年底才能竣工，所领导决定采取临时租房、过渡缓解的办法。在市科委的协助下，1957年下半年，经所领导研究决定，把第一、二、四研究室、情报室、专家顾问室、党政领导部门全部搬迁到徐汇区岳阳路170弄1号以及与170弄一墙之隔的永嘉路352号楼里工作，把第三研究室和金加工车间仍暂留在北京西路1318号工作。

1960年，SIPAI从岳阳路、永嘉路以及北京西路全部搬迁到漕宝路103号，集结成整体后，迈开了发展的新步伐，为SIPAI成为我国仪器仪表行业中心奠定了基础。

在建所的头十年里，是SIPAI走过的最艰辛的创业之路，经历了电子管、晶体管、小规模集成电路到大规模集成电路。当时的仪器仪表，多数以模拟量测量、指示为主。1958年研制成功了第一台电子管模拟计算机；1960年研制成功电子管和晶体管相结合的50点巡回检测装置，紧接着1961年又研制成功200点巡回检测装置。为了加快仪器仪表和自动化技术的发展，以适应工业生产过程对高品质、高灵敏、高速度、高效率的成套仪表的迫切需要，SIPAI从1957年到1961年间，在上级部局领导的支持下，与国外同行专家积极开展学术交流活动，约计30多人次。被邀请到SIPAI来的专家有苏联、德国、英国、日本和奥国，其中苏联专家占60%，在我所担任技术顾问的苏联专家于1959年底离所回国，历时两年半。在1957年至1959年之间，任职在机械工业部的苏联专家也曾多次到我所进行考察访问。因工作需要，我所情报室配备了五名俄语翻译人员，从事俄语翻译工作。出于当时学习苏联的历史条件，我所从1958年12月起，把原来第一机械工业部上海仪器仪表科学研究所的所名更改为第一机械工业部热工仪表科学研究所，直到1971年7月改名为上海工业自动化仪表研究所。与此同时，SIPAI还积极参加国际性技术交流活动，1959年王良楣副所长随同中国仪器仪表考察团赴苏联热工仪表研究设计院进行考察，并建立技术合作关系。到了20世纪70年代末，SIPAI与美国FOXBORO公司进行互相考察，并建立技术合作关系，促成了上海·福克斯波罗仪表公司的成立，成为我国第一家仪表合资企业。

同期"日中经济协会自动化技术代表团"到SIPAI参观访问时，其成员松原一郎教授对仪表开发、系统工程设计和技术管理以及产品生产等方面提出宝贵意见。在SIPAI建所30周年时，他还专程前来参加SIPAI所庆学术交流会。

在此期间还有英国专家J·Mann教授来到SIPAI进行技术合作，会同我所彭瑜高工一起完成"工业过程建模和仿真技术的研究"。J·Mann教授在离所时还和彭高工一起合影留念。

通过以上一系列国际学术交流，对SIPAI的发展起到了促进和帮助作用。

1964年，国家提出"向科学技术进军"的号召，SIPAI在党委的领导动员下，全所职工积极响应，掀起了大干、苦干、实干、巧干科研工作的高潮，每天晚上大楼里灯光明亮，广大科技人员都在为SIPAI发展仪器仪表事业挑灯夜战，奋力开拓，发扬了无私奉献的精神。

SIPAI的所领导也发扬了干群打成一片的精神，做到了只要有人加夜班，所领导就会到现场去关心看望并及时处理能解决的问题，对现场解决不了的问题，第二天就召集有关部门协调解决，做到了干部以身作则，和广大职工共甘苦，充分调动了职工们的积极性。

1966年上半年，因支内工作的需要，SIPAI抽调了150多名职工到重庆去参加内地建设。在这众多的人员中有所级干部、科室中层干部、行政人员、科研人员和车间技术工人等，在重庆北碚建立了重庆自动化仪表研究所。

到了建所20周年时，SIPAI由原来四个研究室发展为十个研究室。其中有温度、流量、机械量仪表研究室；有气动、电动、执行器仪表研究室；有显示、同位素、超声/物位仪表研究室和巡回检测装置研究室（后转型为工业控制机研究室）。

当时SIPAI的科研方针，主要是从事生产过程自动化仪表的研究开发、推广应用，承担生产过程自控系统的设计和工程成套服务，也是生产过程自动检测、显示、调节、控制、执行器等仪表产品及工业控制计算机系统的综合性、成套性的研究和开发机构。

为了适应我国钢铁、电力、煤炭、化工、石油、轻纺工业的发展需要，SIPAI从20世纪50年代末就开始着手研究开发电动单元组合仪表和气动单元组合仪表以及巡回检测装置。到1965年正式研制成功DDZ-I型电动单元组合仪表和QDZ型气动单元组合仪表，同时还研制成功JS-10、JS-20工业控制计算机。因此，国家科委和一机部拨款给SIPAI，建立气、电、控中间试验基地。1970年，又研制成功DDZ-II型电动单元组合仪表，成为第二代产品，1978年又成功地研制成功第三代产品DDZ-III型仪表和组装式仪表以及气动薄膜调节阀系列产品。与此同时，研究开发了DJK-100工业控制机和DJK-200分散型控制系统以及被单印花自控系统和现场总线等重大项目。

在总结与继承上述产品的基础上，SIPAI又研制成功具有先进水平的单回路和多回路智能调节控制仪表系列，是一套新型的仪表控制系统。

工业控制机在冶金、电力、石油、化工、制药、轻纺、食品等工业部门得到了广泛应用。港口计算机控制与管理系统，为港区作业生产自动化和管理现代化提供了可靠保证。

以上项目曾获得国家科技进步奖、全国科技大会奖、市级科技奖和部级科技进步奖。

当时工业自动化仪表与装置已能为20万/30万千瓦发电机组、250万吨炼油厂、30万吨合成氨、120吨转炉以及大中型窑炉等工程项目，提供成套自控系统，从而装置室为成立系统工程部奠定了基础。

"七五"期间，SIPAI在贯彻机械工业"上质量、上品种、上水平"，提高经济效益，调整产品结构，提高企业素质和加强宏观调控等三大任务上做了大量的行业工作。当时成立了行业技术部和信息交流部。行业技术部包括标准化室、计量室、防爆室、船表室、环境试验室和质量评定办公室等6个部门；信息交流部包括《自动化仪表》期刊编辑部、中国自动化仪表学会、工业过程控制分会、中国仪器仪表行业协会、自动化仪表分会以及《中国仪器仪表报》。两个部为行业工作，取得了好成绩。SIPAI所取得的成绩，充分体现了SIPAI在工业自动化仪表的研究开发及其系统成套和工程设计方面具有雄厚的技术力量和丰富的经验。

1986年，是SIPAI建所30周年，是SIPAI大喜之年，古人云：三十而立，SIPAI从小到大，从弱到强，是建所以来最兴旺发达之年。全所职工人数达到千余人，其中科技人员占了70%多，由于领导有方，不断改革调整，科技人员发扬了敢上九天揽月的精神，使SIPAI短短三十年，出现了欣欣向荣、成果丰硕、声誉卓越、名闻全国、扬名世界的可喜新面貌。

所庆三十周年，隆重召开了庆祝大会。大会由党委书记赵景春同志主持，范建文所长作大会报告，并有部分职工代表上台发言，向所庆表示热烈祝贺，大会在全场经久不息的掌声中闭幕。庆祝大会之后还隆重举办了学术交流报告会，会场设有中心会场和五个专业分会场，被邀请来的国内外专家和著名人士都安排在中心会场作学术论文报告。所庆三十周年，给全所职工赠送了纪念品，同时还给每个职工定做了一套SIPAI所服和2枚SIPAI所徽，给所庆增添了纪念意义。

弹指一挥间，来到了1996年，是SIPAI建所四十周年所庆年。所庆大会由党委书记李昌予同志主持，由张继培所长作大会报告。他以"抓住机会，发展SIPAI，深化改革，振兴自动化仪表事业"为主题，作了重要讲话。在张所长的报告结束后，李书记宣布请SIPAI三位老领导赵景春书记、吴钦炜所长和范建文所长上台发言，发言一结束，全场职工起立，雷鸣般的掌声经久不息，会场气氛热烈达到了高潮。所庆四十周年也给全所职工赠送了纪念品。

当时SIPAI职工人数仍不低于千人，依然是科技兴旺、成功累累。但是，经过改革开放，国家对科研院所的体制进行调整，使SIPAI在体制上独立、经济上自主，促使在进一步发展自动化仪表的同时，要自己走出一条"搞产业化的路子"来，并要加快推进。从此，SIPAI依靠国家拨款吃皇粮的日子一去不复返了。

要走产业化的路子，当时对SIPAI来说基本条件还是具备的，有技术、有人才、有场地、有设备、有产品、有市场。在统一思想的基础上，先后成立了微电机生产部、汽车仪表生产部，组建了西派埃自动化技术工程公司。之后又成立了洞泾生产基地并组建了西派埃仪表成套公司，负责领导管理洞泾基地工作。与此同时，各个研究室和公司实行承包制，共同为SIPAI创造经济效益努力作贡献。

SIPAI在拓宽道路，积累经验，建成自动化仪表为核心的科、工、贸全面发展的高新技术集团的基础上，经过国家严格认真的考核评估之后，正式批准在SIPAI组建"工业过程自动化国家工程研究中心"，PA-ERC给SIPAI的发展提供了一次向更高层次发展的新机遇。

2001年10月，是SIPAI所庆45周年，党委副书记张光平同志组织召开了部分老同志座谈会。与会代表畅所欲言，回顾了SIPAI四十五年来的历程和创新发展所取得的业绩。会后西派埃报作了专题刊登报道。

五十年春秋闪闪过，流水千里不回头。2006年是SIPAI建所五十周年大庆年。庆祝活动由孙叔平所长组织，他采取的方法是，凡是在SIPAI退休、调离的职工以及支内的职工，全部发出五十周年所庆活动邀请书，欢迎大家前来参加所庆活动。

五十周年所庆大会由党委副书记张光平同志主持，孙叔平所长作所庆报告。大会结束后，全体职工各自回到本部门，接着召开所庆茶话会。中午全所汇集一起，举行盛大宴会，共进午餐，所庆活动在一片相互祝贺的欢笑声中落下了帷幕。

所庆五十周年在赠送纪念品的同时还印发了一本SIPAI纪念名册，名册上印有1956年到2006年期间进入SIPAI工作的职工名单，共有2264人。

五十周年之后，SIPAI在徐洪海院长、徐建平书记的领导下，立足SIPAI，望眼世界，制定了SIPAI五年发展规划，为SIPAI再创辉煌绘制了蓝图，使SIPAI的创新发展更加日新月异，大展宏图，组建了智能与环保工程部、系统工程部、检测仪表部、行业信息技术交流部和测控技术研究所；有独立注册机构：上海仪器仪表自控系统检验测试所和国家工业自动化仪表产品质量监督检验中心；有控股公司：西派埃科技发展有限公司、西派埃仪表成套公司以及西派埃自动化技术工程有限公司；还建立了技术研发中心，包括工业过程自动化国家工程研究中心、国家能源核电站仪表研发中心、工业软件工程中心、智能仪表与控制系统工程技术研究中心以及两化融合重点实验室等高科技机构，能全面胜任检验检测、科研开发、系统集成、行业服务四大业务和智能制造、电力能源、工业软件、工业安全、节能环保、航空航天等六大行业领域内的重大项目。

　　如今的SIPAI是建所以来最为辉煌的时期，院长、书记领导有方，管理体系完善，管理人员有能力、有水平，个个都尽心尽责，科研人才优秀出众，技术力量雄厚，经济效益丰盛。

　　历史，是过去的现实，要由老一辈的SIPAI人来回顾；现实，是未来的历史，要依靠新一代的SIPAI人作论述。衷心祝愿SIPAI鹏程万里，再创辉煌！

作者简介

　　　　　刘慰严，1933年出生，祖籍浙江。1956年10月建所前参加工作，至1993年退休，一直在上海工业自动化仪表研究所工作。期间，曾担任工程师、高工、正处级干部，直至退休前的计量室主任等职务。同时，历任国家一级计量评审员、机械工业计量检定规程审定委员会委员、机械工业计量协作网指导委员会委员、标准化与计量杂志编委会编委等职务。1956年6月，受所领导委派，到北京参加我国第二个五年计划发展规划工作，历时三个月，经规划工作组验收合格，批准返回上海。

一家小厂的嬗变之路

洪志光

上海自动化仪表六厂（简称"自仪六厂"），创建于1956年，是机械工业部专业生产各类工业自动化控制对象（如温度、压力、流量、物位、pH值、位移、称量、转速、加速度、导电率及各种非电量等）的测量、显示、调节、监控仪表和成套装置的重点企业之一。

积半个多世纪研制、生产和应用之经验，自仪六厂为各行各业提供了优质的产品、良好的服务，历年来多次荣获全国优质产品奖、部优产品、上海市新产品科技奖及北京国际博览会银质奖。20世纪90年代初，即被上海市认定为高新技术企业，通过了广东大亚湾核电站合格供应商的资格评审，90年代中后期，即通过了ISO9000质量体系的认证。

进入90年代后，自仪六厂凭借自身雄厚实力，众多的人才资源，领先的科技优势，运用当代先进的微芯片技术、SMT工艺，采用国际流行的自由电源，开发出了带有智能化的新颖仪表，1995年即被列入国家级新产品，在军工、核电、纺织及各行各业被广泛采用，在可靠性、性价比及适用性上完全能和国际上仪表一争高下。

一、动圈仪表大放异彩

自仪六厂的前身是1956年6月在上海城隍庙成立的牙骨三社，主体是从事麻将、刻花、纽扣、印章等业务，从业人员大多来自江苏泰兴；另一块从事无线电作坊，与五金加工组一起，由一些小业主主政；还有一帮俗称上海老江湖，他们娴熟经营商行，仪表行当的能人加盟进来，这就是自仪六厂前身——巨流仪表厂的雏形。

1956年7月，牙骨三社整体迁往上海青浦城厢镇，同青浦五金厂合并，建成巨流仪表厂，职工人数百余人，划归上海市仪表电讯工业局管理。

上海仪表局指派杨文明、何震坐镇，以加强党的领导，韩振华是原牙骨三社主任，亦进入了企业的领导层，厂址选在青浦北大街55号。

XC系列动圈仪表是为满足我国广大中小型企业及单机配套自动化发展的需要而自行设计制造的一种新型简易自动化仪表，在工业生产自动化中既能单独指示又能指示调节，噪声小，不受外界电磁场干扰。以后随着市场需求，又陆续开发出配热电偶的XC1型、配热电阻的XC2型、配霍尔变送器的XC3型、配远程发送压力计的XC4型，国内市场大放异彩，客户络绎不绝。国内一些刚起步的同行厂家、直接用户慕名前往或来厂取经，或派人参加培训，工人加班加点成常态。自仪六厂生产的动圈仪表享誉国内外。

二、数显仪表再称雄

动圈仪表开发成功，为自仪六厂的发展打下了坚实基础。此时国外已广泛采用专用微机电路、表面贴装技术等而开发出来的具有广泛适应性的智能数字显示调节仪，它精度高，体积小，功能强，可靠性高，显示清晰，操作简便。由于输入、输出与微机电路相互之间完全隔离，具有极强的抗干扰能力。由于仪表具有极强的可靠性，如三位PID带反馈控制功能，一旦反馈信号异常，仪表自动切换到三位PID不带反馈控制方式，保证系统正常工作。

自仪六厂干部、科研人员和广大职工，发奋图强，迎难而上，苦干加巧干，相继开发成功XTM-1000系列智能数字显示调节仪表、XTM-1000J系列智能数字显示调节仪表、XGZT-1000/2000系列光柱数字显示调节仪、XZMA-2000系列数字显示仪；XMD系列多点巡回检测数字显示调节仪；JXC-61A数字巡回检测报警仪；DWT-702精密温度自动控制仪；ZK系列可控硅电压调整器；DF-1电动伺服放大器等系列数显仪表，在国内外市场掀起又一波高潮。

三、大小成套江山半壁

继动圈仪表、数字显示仪表快速发展之后，把各个单只仪表组合起来，发展成套仪表已成趋势。20世纪80年代后期，厂领导决定成立大、小两个装置组，把工程技术人员开发出的装置产品在北京农展馆展出，引起时任外经贸部部长李强、陈慕华等领导的关注观看。在参加完南斯拉夫、朝鲜的展览后，自仪六厂即与北京707厂签订了第一个40万元的大合同，由此亦拉开了自仪六厂主打成套产品的序幕。

1989年年中，自仪公司主要领导陪同一机部有关领导来厂参观大、小成套产品，没过多久，一机部仪器仪表总局就在自仪六厂召开成套产品现场会，充分肯定自仪六厂发展大、小成套的方向。此次会议后，部决定投资自仪六厂兴建装置大楼，并新造了一幢工厂办公大楼。由此引起公司重视，在上海市徐汇区漕宝路自动化仪表一厂辟出一半厂区面积，成立了专门生产成套产品的"上海仪器仪表成套厂"，首任厂长即由自仪六厂的何震厂长担任。

自仪六厂从动圈仪表起步，数显仪表发展，大小成套步入快速道，经济效益亦步入快速通道。20世纪80年代初，自仪六厂职工600人左右，而产值高达960万，人均16万。这个数字惊动了国家仪表总局。为此，总局在重庆召开的一次全国会议上，指名要自仪六厂介绍经验，我有幸代表六厂在会上介绍了经验。总局生产司昝福祥同志主持会议，上海仪表局生产处邵德甫处长亲临会议。而到1986年，自仪六厂产值高达2600万，利润960万。6年产值翻了几乎3倍。经济发展也带来了政治上的荣誉，自仪六厂各类表彰、奖状拿到烫手。

四、重视教育，培养人才

自仪六厂一贯重视教育，重视培养人才。20世纪60年代中期，经上海市教育局和仪表局批准同意，巨流仪表厂在当地招收了40多名（男19名，女21名）初中应届毕业生，按照全日制高中课程培养，旨在培养工程技术人员，为企业增添后劲。工厂专门抽调了10多名有教育经验的同志任教，厂长兼任校长，学制四年，实行一半读书、一半工作的教制。一年后，在"知识青年到农村去、到边疆去，接受贫下中农再教育"的指示下，同学们各奔东西。但这也足以看出自仪六厂领导重视培养青年人的战略眼光。

20世纪60～70年代，国际形势风云变幻，根据毛主席"备战、备荒、为人民"的战略思想指导，决定把上海仪器仪表工业的每个工厂所生产的产品，按照上海一家工厂，四川就有与上海同样的工厂进行动迁。按此要求，重庆按照上海仪器仪表生产厂的产品、规模，在北碚地区开始大兴土木，与自仪六厂对应的是川仪十五厂。已提前被招进川仪十五厂的大学生、复员军人以及年轻工人30多人到自仪六厂进行培训、学习，自仪六厂的科技人员、职工手把手毫无保留地向他们传授技术，不少人回去后成了企业的领导和骨干。

前来自仪六厂培训的，还有山东潍坊仪表厂、江苏盐城仪表厂等。

可以说，自仪六厂在中国仪器仪表行业中，规模不大，但影响力巨大，为中国仪器仪表行业的发展、崛起作出了不可磨灭的贡献，是我国仪器仪表工业由小到大、由弱到强的亲历者、见证者、参与者。

历史不会忘记自仪六厂的每一位员工。

后记

当《飞鸿踏雪泥》编委同志让我写一篇自仪六厂的发展史时，我开始是拒绝的，理由是离开自仪六厂时间长，有很多重大的事与人，有耳闻，但不亲历。2017年10月9日，在上海工业自动化仪表研究院召开该书第五辑编纂会时，特邀我参会，并再次向我征文。面对参会的大部分人员，年龄比我大，资历比我老，他们不计报酬，任劳任怨地为该书出版努力，我被他们的精神所打动。

好在我在自仪六厂工作时结识的一些老领导、老同事与老朋友，他们听说我要完成这项任务时，二话不说，纷纷给我提供资料、信息。应该说，这篇文章集大家之成，是我们自仪六厂共同的财富。在此向为我提供素材的同事们致谢，他们是：曹家康、徐世久、崔革成、曹国平、范宝才、黄志远等。同时也向曾与我共事的老领导何震（已故）、唐根才（已故）、龚顺兴、周永清、杨德华（已故）、李玉茹等表示敬意，感谢他们对我的培养。

吴忠仪表厂发展记录

石玉杰

1959年6月，宁夏回族自治区机械局决定成立吴忠仪表厂，即由银川市的机电仪表厂和吴忠五金厂的仪表车间合并组建，生产拖拉机压力表、温度表和地质罗盘仪。全厂职工96人，企业归自治区机械局领导。

1961年，也就是建厂一年后，扩大再生产，建成了一个年产30万的电工仪表车间。

20世纪60年代，我国正处在动荡年代，又遭遇三年自然灾害，还要为苏联还账，全国各企业不是缺原料，就是没销路，企业纷纷下马，精减员工。而我们当时生产的滤油芯很适合农业机械比较发达的年代，鉴于此，机械局决定仪表厂可以不下马，我们职工也不愿企业下马，于是自治区副主席吴生秀提出"杂货铺门前卖西瓜"，就是说可以采取自救。在这一政策指导下，仪表厂利用现有厂房和设备以及能购买的原料，生产当时市场上所需要的产品，用脚踏式冲床生产勺子、鞋掌、铁钉、自行车气门嘴、轮胎、螺丝等，保证了企业没有下马，职工没有精减，同时，还从其他企业吸收了一部分技术工人，使职工队伍进一步壮大。

就在仪表厂徘徊在国家三年自然灾害生产自救的路途上时，国家开始备战备荒，进行"大三线"建设。1964年，邓小平第四次来宁夏视察，之后，国务院决定由沿海向内陆地区搬迁建设一批重点工业企业。

1964年，一机部仪器仪表局决定投资246万元，扩建接收吴忠仪表厂为一机部直属企业，从上海自动化仪表七厂搬迁76名职工，从全国仪表行业抽调技术工人和管理干部，各大院校向厂分配70多名大中专毕业生，组建并命名为第一机械工业部吴忠仪表厂，生产调节阀，保留农机件产品的生产。

不久，也就是1965年初，由沿海和内地陆续向宁夏搬迁或合并创建了一批大型工业企业，如物种配件厂、青山试验机厂等。1966年初，机械工业部决定由上海崇明仪表厂内迁到吴忠。内迁可以说是吴忠仪表厂发展史上的一个节点，内迁决定了我们生产产品——调节阀，以至吴忠仪表厂成为今天调节阀行业的龙头企业。

20世纪60年代中期，我厂技术力量逐步壮大，企业产品也进入统设时期（即由国家统一设计产品）。1968年，我们自行设计生产了G1750公斤超高压调节阀，这一技术填补了国内空白。

1966年，我厂与上海自动化仪表研究所等单位在一机部仪表四局的领导下，组织第一次联合设计，制造生产调节阀，淘汰了仿苏产品，掀开了中国自行设计制造调节阀的历史。

1970年9月，吴忠仪表厂下放地方，由宁夏回族自治区重工业局管辖，开始自行设计并试制成功了O形切断球阀、V形切断球阀等产品，填补了国内空白。

1971年9月，一机部投资129万元建成铸钢车间投产，结束了铸钢件依靠外协的历史。

1976年，设计并试制成功了大口径球阀。

1977年5月，生产的直通单双座调节阀和低温阀用于毛主席纪念堂，受到工程现场指挥部的嘉奖，并颁发荣誉证书。据说那些调节阀至今都还在用。

1978年，中央作出改革开放的重大抉择，仪表局得到消息，便与国外公司接触，决定引进国外先进技术。国外公司纷纷来仪表厂考察。在决定引进国外先进技术后，1979年12月，国家仪器仪表总局组成中国自动化调节阀技术考察组前往日本考察。1980年7月，吴忠仪表厂与日本山武·霍尼韦尔公司签订了第一批《自动调节阀技术合作合同》，引进了山武公司产品中的6个系列、7种附件、1100个规格的制造技术。之后，仪表厂前后派出四批赴日学习人员。1980年9月27日，第一批赴日学习人员成行，分别学习技术、生产和工艺。

1981年，第一批引进的VDC笼式调节阀试制成功。1983年，第二本《企业管理制度》汇编发布。

引进后，我们没有按部就班，大搞技术创新，做大做强。1988年，上级进一步肯定了我厂生产的调节阀产品。厂里也建立了自己的高温试验室、流量实验室和低温试验室。

1985年研制的高温高压差大流量电站锅炉给水调节阀，填补了我国的空白。

1988年兼并了吴忠微型试验仪器厂，扩大了生产能力。11月28日，我厂当选为中国仪器仪表行业协会和工业自动化仪表专业协会常务理事单位。

1989年9月24日，机械工业部仪器仪表司司长奚家成来厂参观，并为我厂题词。

在做大做强的同时，我们还要成为同行的佼佼者。CV3000调节阀产品通过部级鉴定，获国家科技进步奖。1987年，自行设计生产的2500公斤超高压阀通过北京前进化工厂、兰州化工厂等用户参加的联合鉴定。

1990年2月9日，国务院发展研究中心编辑《管理世界》杂志，收录我厂为1988年中国行业50家最大经营规模工业企业，位于仪表及计量器具制造行业第50位。8月23日，厂隆重召开电站调节阀技术交流和CV3000调节阀部级鉴定会。中国机电学会过程自动化技术交流中心理事长，机电部仪表司、国家科委、区重工厅和全国各地来宾近80个单位104人参加会议。CV3000系列调节阀通过部级鉴定。

1993年9月25日，华信公司根据我厂申请，按GB/T19001—1994和ISO9000-1994质量保证模式标准，对我厂的质量体系进行审核。经审定符合所申请的质量保证要求，给予注册，颁发质量体系认证合格书。同年，公司建起了自己的铸钢、铸铁车间，结束了长期以来铸件依靠外援的历史，扩大了自动调节阀的生产能力。

1994年，国务院发展研究中心、国家统计局排定吴忠仪表厂名次"中国行业50家最大工业企业第48名"。

1995年6月，与日本山武·霍尼韦尔公司就关于电站特殊阀的技术及生产合作达成协议。8月，γ射线探伤室竣工验收并投入使用。同月，计算机辅助设计和工艺工程启动，实现了全公司甩掉图板、无纸化办公。9月，通过华信公司ISO9000质量体系认证。

1996年6月，组建吴忠仪表上海有限公司。12月，吴忠仪表厂改为吴忠仪表股份有限公司。

1998年3月，自治区经委同意宁夏天意集团公司更名为宁夏吴忠仪表集团有限公司。4月，与德国西门子公司签订合作协定。6月，以集团公司为主发起成立吴忠仪表股份有限公司,"吴忠仪表"股票成功上市。上市后迎来四十华诞,并确立了多元化发展(就是发展集团化),开始进军医疗设备、生物制药、ABS、净水机等新型领域。8月,兼并宁光电工厂。11月,被确定为"国家重点高新技术企业"。到该年末,公司共有职工2030人,其中工程技术人员254人,占地面积183000m²,生产建筑面积62000m²,主要生产设备890台,当年生产调节阀6211台,定位器6064台,电磁阀及附件7560台,完成工业总产值11344万元,创利税6295.8万元,先后5次引进日本山武·霍尼韦尔公司先进设计技术,通过消化、吸收、创新,不断开发新产品,使公司具有65个系列、35种附件、7000多个规格产品群。

2000年10月,与日本金子产业株式会社就电磁阀领域的产品研制、销售制造达成协议。12月,宁夏农业机械研究所整体并入吴忠仪表。同月,自治区政府批复:同意吴忠仪表集团兼并宁夏长城机床厂。12月26日,自治区经贸委批复:同意宁光电工有限责任公司进行重组改制。

2002年10月,设立博士后工作站。11月14日,顺利通过ISO9001监督检查,ISO14001初评认证,吴忠仪表获国家经济贸易委员会确认的国家级企业技术中心。

2003年3月,获科学技术部火炬技术产业开发中心颁发的"重点高新技术企业"证书。同月,集团被确定为2003年全区大一型企业。

随着引进技术不断消化吸收,产品系列不断完善,逐步形成国产化,在生产科研中不断改造老产品,开发新产品,时已形成60种系列、30种附件、6000多个产品规格的产品链,逐渐成了自动化仪表行业的排头兵。

2003年12月5日,自治区科学技术厅下达吴忠仪表股份有限公司制造自动化分系统(MAS)开发:计算机辅助工艺设计示范工程(CAPP),吴忠仪表宁光电表有限公司面向电子组装行业基于供应链的进、销、存管理系统开发与应用,企业资源计划示范工程(ERP)项目,分别列入自治区2003年度科技攻关计划重点项目。

2005年12月30日,吴忠仪表股份有限公司ECOTROL模块化智能调节阀获自治区科技进步一等奖。

2007年,吴忠仪表股份有限公司正式更名为宁夏银星能源股份公司。

2009年,宁夏银星能源股份有限公司与中国自动化集团有限公司签署合作框架协议。2010年1月27日，由宁夏银星能源股份有限公司以土地使用权、建筑和厂房、机器设备、专利权出资，与中国自动化集团有限公司共同设立中外合资企业"吴忠仪表有限责任公司"。2012年4月13日，中国自动化集团有限公司收购宁夏银星能源股份有限公司持有的吴忠仪表有限责任公司30%股份。2012年11月，中国自动化集团有限公司收购宁夏银星能源股份有限公司持有的吴忠仪表有限责任公司20%股份。至此，中国自动化集团有限公司将持有吴忠仪表有限责任公司100%股份。吴忠仪表有限责任公司成为中国自动化集团有限公司旗下的全资子公司。

2013年7月5日，公司产品用户大会隆重举行，来自全国270家企业的代表汇集吴忠仪表参观，进行产品技术交流。2014年5月9日，公司与神华宁夏煤业集团签订《战略合作协议》。

2015年8月19日，公司研发的水下阀门在北海市浅海处首次投入海中。9月19日，水下阀门验收项目会召开。

2015年3月18日，中国自动化（吴忠）产业园奠基仪式在吴忠市金积工业园区隆重举行。8月12日，中国自动化（吴忠）产业园，开工动土。

2016年8月12日，首次搬家迁往新厂区。

作者简介

石玉杰，1984年6月17日生，2009年毕业于兰州理工大学机械设计制造及其自动化专业，入吴忠仪表有限责任公司，现任办公室副主任，兼中国仪器仪表行业协会自动化仪表分会执行器工作委员会副秘书长。

感叹岁月（其他）

上海仪器仪表业史话（下）

谷子

编者按 谷子先生撰写这篇《上海仪器仪表业史话》，其目的是温故知新，继承前人的创业精神，以促进我国当代仪器仪表业的振兴和发展。作者为撰写此文作了大量调查，掌握了比较丰富的史料，并在此基础上进行了适当加工整理，是一篇颇具新意的文、史并存之作，值得大家一读。

（上接第四辑）

九、再次改组

1960年，上海市仪表电讯局成立，并再次进行行业调整改组，由亓西钊任仪表工业公司经理，葛尚丰任副经理。

1960年底，和平热工仪表厂部分产品转入巨浪仪表厂，使巨浪仪表厂成了专业生产温度控制仪表之厂家。

1962年，又将和平热工仪表厂的热电偶、热电阻等产品转入综合仪器厂，使之成了测温及显示仪表专业制造厂。

1962年，仪表元件厂与长江仪表厂合并，于1963年改名为上海安亭仪表厂（即后来的自仪九厂），成为流量仪表专业生产厂。同年，华东电子仪器厂兼并了新亚仪器厂，专业从事传感器、应变仪表及稳压器生产。

1965年，行业改组的动作更大：华东电子仪器厂钣金车间和精美胶木厂的部分员工被调入顺风泰建筑五金厂，并定名为上海仪表冲压件厂（即远东仪表厂前身），使之成了专业化冲压件（表壳、表箱、表柜）生产厂；以和平热工仪表厂装配车间弹性元件组为基础扩充人员和设备，组建了上海仪表弹性元件厂，为热工仪表配套生产弹性元件。

华东电子仪器厂、上海分析仪器厂与上海电表厂之变压器制造和绕线等专业人员调配至鼎康文具木壳厂，组建成仪表变压器厂,专业生产仪表用电子变压器;将1964年刚扩建的老字号元昌厂更名为上海仪表电机厂,专为业内二次仪表配套生产各种电机。

精美胶木厂更名为新风仪表元件厂,专业制造仪表接插件;卫权游丝厂更名为仪表游丝厂,成为仪表游丝之专业制造厂。

1966年,又将老字号大华仪表厂从江西中路乔迁至河间路788号(原上海光学仪器厂厂址),东大名路老厂区命名为上海调节器厂。年末,河间路之大华仪表厂更名为上海自动化仪表二厂。

与此同时,上海仪器仪表工业公司于1965年一分为二,由王兴鲁任经理的上海自动化仪表工业公司由此正式成立,业内生产自动化仪表整机及与之协作配套的厂家均归属其管辖。1966年末,又同时撤销了这两家公司,有关厂家直接改由仪表局管理。

在此数年之第二次调整改组中,还有一些大中型工厂为适应专业化生产,将众多产品划归一些集体性街道工厂,为解决社会就业、发展社区工业作出了巨大贡献。如综合仪器厂将冷端补偿器转让给了"沪南仪表厂";压力表厂将低压压力表转让到了"宜川仪表厂";温度仪表厂的指针式温度计转入了"东方仪表合作厂";安亭仪表厂的各种量具转入了"向阳五金厂";仪表变压器厂将木尺转到了"新华尺厂";新风仪表厂将日光灯座转到了"精益胶木厂"等,使此类街道办工厂由此走上了发家之道。

至此,经过公私合营前后到1960年的第一次调整和1960~1966年的第二次调整,行业基本形成了规模化、专业化生产之格局,无论是产品档次还是技术水平都已今非昔比,成为全国仪表工业的重要基地,令各界人士刮目相看,吾等自然不胜高兴。

十、支援内地

1963年前后,为使仪表业在全国范围内之布局趋于合理,第一机械工业部先后从沿海地区陆续"内迁"了部分工厂。1966年至1970年期间,在"加强战备,准备打仗"的特殊历史背景下,基于上海紧邻大海,历来为外敌先侵之地,又为仪表业最为发达和集中之地,因此而成为"内迁""支内"任务最重最大的城市也理所当然。

"支内"之目的地,以我国中南、西南一大片险要山区为"大三线",

江西、皖南山区为"小三线",无论大厂、小厂,只要"指挥部"一声令下,相关人员、产品和设备就会开赴而去。

当时,对"支内"人员的选择要求还是相当高的,除了技术水平、工作能力比较突出外,更要"政治条件过硬",所以,一大批相对优秀的技术人员和工人师傅就成了"支内"的中坚力量。

上海仪表业的主要"支内"地点是四川省位于重庆市郊的北碚地区,群山高耸,郁郁葱葱,盘山公路环山腰而筑,那新建之厂房、宿舍、学校及相关配套建筑依山临沟,散落于群山之中,一批又一批本业同仁,不少还携妻带儿,浩浩荡荡开赴其间,安营扎寨。

大华仪表厂300名职工建成了"四川曙光仪表厂";仪表钢模厂27名职工帮建了"四川仪表钢模厂";仪表铸锻厂106名职工建成了"四川仪表铸锻厂";自动化仪表九厂114名职工建成了"四川小模数齿轮厂";地质仪器厂330名职工建成了"四川地质仪器厂";转速表厂有职工61名迁入了"重庆转速表厂";仪表游丝厂有职工36名迁入了"西南仪表游丝厂"。

另外,还有华东电子仪器厂52名职工迁入了"成都科学仪器厂",自动化仪表四厂153名职工迁入了陕西"宝鸡仪表厂",自动化仪表七厂63名职工迁入了宁夏"吴忠仪表厂"。

除此之外,还有光华仪表厂195名职工迁往湖北武汉,建成了"二六五厂"。加上奔赴西安、贵阳、天水、襄樊等地的,上海仪表业"支内"职工总人数达5205名。

与此同时,第一机械工业部上海热工仪表科学研究所另有200名左右的职工赴重庆北碚施家梁创建了重庆热工仪表科学研究所。

这些同仁在当地"战天斗地,艰苦创业",带动了山区及内地工业的发展,更为我国仪器仪表工业的发展作出了重要贡献。

十一、1966年至1976的十年

1966年6月,在"破旧立新"口号响彻大地的背景下,仪表行业之领导机关"上海市仪器仪表工业公司"被撤销解散。

为落实"破旧立新"精神,更改老厂名被列为重要措施之一。至1968年,行业中第一老字号"实学"继改名"和平"后,又更名为"自动化仪表一厂";第二老字号"大华"更名为"自动化仪表二厂";综合仪器厂更名为"自动化仪表三厂";压力表厂更名为"自动化仪表四厂";建工仪器厂更名为"自动化仪表五厂";巨浪仪表厂更名为"自动化仪表六厂";崇明仪表厂更名为"自动化仪表七厂";温度表厂更名为"自动化仪表八厂";安亭仪表厂更名为"自动化仪表九厂"。1972年,将东方仪器厂更名为"自动化仪表十厂"(自动化仪表八厂和十厂于1979年合并,建成地处青浦朱家角的"自动化仪表十一厂")。

1966年6月至1976年10月,业内同仁不畏艰难,刻苦劳作,为我国仪器仪表业的发展史谱写了可敬可佩的辉煌篇章。

1970年,调节器厂成套DDE-Ⅲ型气动单元组合仪表正式投产,替代了原有的组合仪表。1972年,地质仪器厂设计成功JJX-3型井斜仪,替代了原来的仿苏产品。在此期间,自动化仪表五厂试制成功直读、变送、调节、控制等液位、料位仪表,为我国石油化工诸业提供了大量急需之产品。

1973年,调节器厂与一机部上海工业自动化仪表研究所合作开发成功JS-10型工业控制计算机产品,继而又于1974年研制成功JDK系列过程控制通道,应用于油田、冶金、轻工诸业,开创了我国工业自动化仪表智能化之先河。

同年,自动化仪表一厂首次为淮北电厂提供了自主制造的发电机组自动控制仪表成套装置,为本业产品中成套装置之发展打下了坚实的基础。

同期,自动化仪表六厂之精密温度成套自控装置(俗称小成套)诞生,深受中小工业企业欢迎。

在此数年之中,由于业内同仁之艰苦努力,产品与技术亦开始输出国外,其中有转速表厂给罗马尼亚仪表机械元件厂提供转速表机构,仪表电机厂提供电机减速机构。向国外输出产品或技术的还有自动化仪表一厂、仪表游丝厂、自动化仪表九厂等。

十二、重振旗鼓

1977年,国家又踏上了泰安之道,吾业亦迎来了重振之良机。在全国一片"工业学大庆"之热浪中,一机部隆重召开产品质量会议,提出了"以提高产品质量为中心,整顿企业管理工作十二项"之指令性措施,整顿内容涉及质量管理、工艺管理、设备管理、产品设计、均衡作业、文明生产、技术教育、扭转亏损、降低消耗等。

这次整顿被称为"恢复性整顿",历时两年有余,业内大多数工厂经验收合格后被评为"上海市大庆式企业"或"工业学大庆先进单位",为行业进一步发展打下了扎实基础。

1978年,中国共产党十一届三中全会隆重召开,确定了将党的工作重点转移到社会主义四个现代化建设中来之基本方针,由此实现了中华人民共和国成立以来最重大之转折,亦极大地加速了吾业之迅猛发展。

1979年,行业开始贯彻中央工业会议"调整、改革、整顿、提高"之八字方针,结合市场新机制,在继续为钢、电、煤、油、化工等行业大量提供产品外,亦加强了与生活密切相关的轻工、纺织、食品等诸业之联系和服务。

同年,改组了于1970年组建的"上海市仪器仪表工业公司革命委员会",恢复了"上海市仪器仪表工业公司"之名称,并由德高望重之业内同仁刘友谅出任经理。

1980年,公司成立经理部,开门市部于南京西路985号,在销售产品的同时,更注重市场预测,同年又在北京、沈阳、广州设立了产品经销处,不久还在北京建立了维修中心,为用户提供修理服务和易损备品备件。

1981年,经理部同业内各厂组建了行业经济情报网,共同分析产品流向及市场分布情况,并找出销售薄弱地区或行业,以采取相关促销措施,从而稳步提高产品的市场占有率,使"计划经济为主、市场调节为辅"之原则发挥应有效益。

1982年元月,党中央、国务院作出被称为"企业五项整顿"的"国营企业进行全面整顿"的决定:一、整顿和完善经济责任制,改进企业经营管理,搞好全面计划管理、质量管理和经济核算工作;二、整顿劳动纪律,严格奖惩制度;三、整顿财经纪律,健全财务会计制度;四、整顿劳动组织,按定员定额组织生产,进行全员培训,克服人浮于事的工作散漫现象;五、整顿和建设领导班子,加强思想政治教育。

即刻,吾业继恢复性整顿后又掀起了"五项整顿"之高潮,诸多工厂纷纷争创"合格""五好"。整顿一年多后，行业即摸索出了一套工作经验，建立了一套工作体系，并按"四化"标准调整了一批领导班子，众多"合格企业"脱颖而出，企业管理水平有了很大提高，管理和经销领域取得了重大进展，从而带动了科技与产品之发展，为行业实现科技进步奠定了很好基础。

十三、科技突进

20世纪70年代，国外同行纷纷推出智能化产品，其内在功能与可靠性上了一大台阶，技术水平飞速提高。面对洋同仁取得之丰硕成果，吾等当然不甘落后，各厂科技人员双目紧盯国际水平，挥汗如雨，有的甚至吃住在厂，奋力拼搏，意在尽快开发出自己的升级产品，缩小与洋人之差距。

调节器厂于70年代批量生产JS-10A工业控制计算机后，1980年又研制成功JS-110工业控制计算机，不久又有JS-440CH-89及JS-052等五个智能化产品问世投产，并配有模拟量输出输入、数字量输出输入、人机联系等部件，配有常规光电输入机、快速纸带穿孔机、电传打字机等相关输入设备，输出则配有CRT显示器、X-Y绘图仪、键式打印机和行式打印机等设备。此类产品经推广介绍，很快被沪上诸多行业选用，继而名声渐大，又被外地企业买去应用。当年沪上第六织布厂用JS-100控制机对该厂464台织机进行系统监控，提高功效7倍，一年增利润19.6万元！又有北京第一棉纺厂买去一台JS-10A，监控织机288台，全年增净利润达12万多！

20世纪80年代初，华东电子仪器厂在称量仪器智能化上亦获突破，研制成功料斗式自动电子秤、静态应变仪测量数据装置及数字式电子秤等。同时，行业在自动化仪表产品方面补齐了电动型综合仪表及气动型组合仪表产品，又发展了CECC型电容式变送器和矢量式变送器系列。上述产品经考证比较，当时已接近美国70年代中期水准。

从1980年起，业内各厂为响应国家节约能源及工业各行业之需，又开发了节能仪表产品，计有热水热量积算仪表、燃油流量仪表、带补偿的蒸气流量计和装置、电力负荷控制器、电子皮带秤、智能化油耗仪及各种锅炉、窑炉、电炉之节能自动控制装置等几十个种类的产品，为冶金、矿山、化工、石油、纺织、轻工等诸业内能耗计量、测试、控制输入了全新的手段，亦为此类工厂带来了十分巨大的效益。

同期，沪上仪表业亦为国防建设之发展研制出了大量仪表产品，作出了巨大贡献。1980年，我国首次向太平洋某水域发射运载导弹。1982年，又首次从潜艇水下发射运载导弹，吾业之中有20余家工厂协作配套生产了发射系统中许多关键仪表和相关装置。此外，行业对我国多次发射各类地球卫星亦提供了相关的重要产品，为此，多次获中央、地方及有关部门的表彰奖励。同时，在研制、生产中得到了国家的全力支持，极大地促进了吾业之迅速发展。

至1983年前后，沪上仪表业在专业化协作、配套生产方面已建成较为完整的体系，其产品的使用功能及综合水平大为提高，具备了优良的可靠性和稳定性，精确度随之提高，产品技术又获突进。

十四、发展成套

如上所述，从20世纪70年代开始，随着国民经济诸业之所需，沪上仪表业已逐步形成产品门类、系列、规格较为齐全的自动化仪表之体系，其产品已能基本满足工业生产过程从检测、调节、计算、显示记录乃至执行指令等控制之所需。同时，众多用户亦提出配套供货、安装之要求，由此，吾业之中成套装置产品又获迅速发展。

所谓系统成套，即是根据不同行业之不同生产工艺及控制要求，加以系统设计后配上所有必需的仪器仪表及相关器件，甚至还要包括计算机软、硬件，然后总成为一个完整的生产过程自动控制系统。此类系统装置乃是吾业之中一大特色，更是吾业综合水平之体现。

早在20世纪50年代末，有业内第一老字号"实学"之公方厂长王方贤等一页图片广告上看到日本产的成套装置照片，遂向水电部和一机部提出要试制电厂控制装置，经允许后即刻投入了紧张的设计制造。不久，业内第一套用于电厂的成套装置问世。此举乃为以后成套发展奠定了基础，并且订货渐多，生意颇为看好。至60年代，为鞍山钢铁公司、上海高桥化工厂、上海炼油厂及1.5万吨合成氨等重大工程提供了成套服务，社会影响渐大。

60年代中期，行业开始组织较大规模的配套生产，以发展成套服务。

又为冶金行业1000m³高炉热工控制、化工行业6万吨合成氨、吴泾热电厂12.5万千瓦机组等工程提供了系统成套产品。

　　至70年代，成套服务日趋完善，产品档次、服务深度均获发展，系统装置已初具水平，为电力、化工、轻工、冶金、石油、矿山等行业提供了大型自控成套装置，其中有为望亭、谏壁电厂30万千瓦发电机组、大庆油田石油计量、30万吨合成氨、24万吨尿素、浙江250万吨炼油厂、胜利炼油厂、四川4.5万吨维尼龙厂、南京烷基苯厂等大工程提供的大型自控成套装置。

　　1973年，地处市郊青浦之自动化仪表六厂，在研制成功送往南斯拉夫参展的仪表屏总成基础上，又开发出适用于中小型工厂之用的成套控制装置，被当时一机部领导美称为"小成套"而一举出名，客户慕名而来，生意兴隆。

　　此类"小成套"被用户买去，或装于炉窑，或应用于各种精密生产加工系统之中。北京七零七厂应用于人造水晶生成之温度控制系统，产品合格率成倍增长，质量大为提高，而且产量亦获令人极为满意之递增。广东佛山市陶瓷厂用于烧瓷炉窑之温度及燃油控制，产品产量质量亦获很大提高，能源消耗同时大为降低。用户之中对"小成套"之赞美不绝于耳。

　　1981年6月，行业又从原"实学"发展而来的自动化仪表一厂中划出一块地，建成上海仪器仪表成套厂，专门从事成套装置之研制生产，成套生产大获发展。

　　于此前后，吾业在两年内承接轻工、纺织、石化、电站、冶金等诸业成套系统达1022项，至1983年，已达2360项之多，为促进经济之发展立下不可低估之功劳。

十五、应用"四新"

　　为了适应行业发展之新形势，吾业在发展"成套"之同时，广泛应用新技术、新工艺、新材料、新设备，取得了令人瞩目的新成就。

　　1960年，自动化仪表一厂为提高产品质量、增加产量、降低消耗，采用粉末冶金制造技术制出了廉价之磁缸，应用于仪表产品，众同仁大为赞赏；后又研制成功"重型零件清洗机"，应用于大件制作过程中表面清洗，提高工效80%，降低劳作强度70%，清洗质量亦显著提高；其后，又先后研制成1000吨冷挤液压机、真空时效炉、膜盒抽真空设备等，为生产技术之发展起了巨大作用。

　　大华仪表厂自生产自动化仪表后添置相关设备数十台，至1962年，研制出加工关键零件之"小模数蜗杆轧牙机"，提高工效20余倍，并在加工工艺上首创"小模数大蜗杆旋风切削"之新方法，提高工效5倍多；至70年代，为提高修理加工母机导轨精度并减轻工人修理时铲削之劳作强度，又研制成宽1m、行程4m之导轨磨床一台。设计制造时，为解决自身导轨磨损，采用了静压装置，其思路之独特、完善可见一斑；后来，又结合产品发展及引进国外先进技术，研制成一批液压小压床及多头钻床，均体现了较高的水平。

　　自动化仪表三厂极重视一次仪表制作过程中的技术改进，先采用坯料锻造后轧齿机轧齿加工热电偶空心螺栓之新工艺，改变了以往用不锈钢棒料车制成型的旧方法，节约了大量的原材料及工时，成效十分显著；后又研制出35头专用钻床，用以对二次仪表托架之加工钻孔，节约工时10倍以上。

　　20世纪70年代，地处崇明岛之自动化仪表七厂，自制成功调节阀生产流水线，长12m，工效比人工单件加工提高25倍；后又造$Dg40$、$Dg52$阀体加工流水线，长36m，并配有液压系统之设备20多套。

　　地处安亭镇上之自动化仪表九厂，为配合生产之发展，展开"小模数齿轮加工工艺研究"，重在提高"渐开线小模数齿轮"滚齿精度，取得了丰硕成果，稳定8级精度，提高水平7～6级。该厂技术骨干朱延巽于北京新品展示交流会上曾隆重发表"小模数齿轮滚刀铲磨机床"之论文，引起同行极大的兴趣，会后由沪上"科教电影制片厂"拍摄成专题科教片，令吾等自豪不已。

　　吾业中小小之弹性元件厂气势却不小，依靠自身力量，设计制造了弹性波纹管的半自动、全自动成型机、拉伸机、连续变径机、高效割管机、气体保护炉、刚度仪等30余台专用设备，其中全自动成型机采用微机控制，比手工操作提高工效20倍，产品质量极大改观。该设备的设计水准及使用实效超过了国外同类设备的水准，受到前辈钱伟长的赞誉，荣获1987年全国第二届发明展览会"金牌"奖，并且事后经沪上专利事务所检索，该机结构设计为国际首创，乃使洋人望尘莫及矣。

此外，还有接插件厂在 SK 型航空接插件研制中攻克了定位套设计制造工艺、铝合金外壳冷挤压工艺等技术难题，并研制出一批专用设备；仪表铸锻厂、仪表钢模厂、电机厂等一批工艺协作件和元器件配套厂，亦加快了改造及应用"四新"的步伐，研制成众多新项目，成果斐然，为本业之发展作出巨大之贡献。

吾业应用"四新"之业绩还有很多，因篇幅所限，实难写尽。

十六、引进技术

光阴飞逝，时至 20 世纪 80 年代初，行业在发展成套、应用"四新"之同时，又乘国家"改革开放"之东风，积极引进发达国家先进生产技术，以加快吾业产品升级换代。

1982 年，水电部为发展电力工业，联合机械部仪表总局于沪上召开 30 万千瓦、60 万千瓦发电机组技术协调会，各路专家一致认为美国罗切斯特公司所产仪器较为先进，且适合我国发电业应用，故拍板引进。至 1983 年，国家机械设备进出口总公司同美国签立合同，又经行业规划，由自仪一厂和大华厂生产有关引进仪器并消化制造技术。经过一系列必要准备后，自仪一厂于 1986 年投入试生产，大华厂于 1987 年投入试生产，均获成功。整个项目国家共投入美金 130 万余元，构成了一定生产能力。

以后数年，自仪一厂又同美国罗斯蒙特公司达成引进电容式 1151 变送器的生产技术及关键生产设备之协议；大华厂又同日本千野株式会社达成引进 7 个系列显示记录仪表及关键生产设备之协议。两厂均形成了批量生产之能力。

1984～1985 年，自仪三厂亦有三项引进产品制造技术及关键设备之协议生效：一、引进罗斯蒙特公司之微型铂电阻制造技术；二、引进英国 K.M 公司便携式红外辐射温度计制造技术；三、引进法国 KMR 公司热电偶产品制造技术。这些项目共投入外汇 300 多万美元，国内配套人民币 205 余万元，均构成了规模生产能力。

为国家大型电站建设配套，自仪五厂亦于 1983 提出了"引进料位测量装置制造技术和关键设备"项目建议书，上海市计委于同年批准列入 1984 年技术引进计划。1984 年 11 月，开始同美国平迪凯特公司谈判，并于 1985 年 2 月签订引进合同，开始生产平迪凯特公司 RF 系列电容式物位控制器及YO-YO系列探测式料位计。1986年，自仪五厂又与美国开瑞公司签订引进超声波物位计的制造技术合同。为此，"自仪五厂"生产之物位仪器令全国同行刮目相视，并荣登全国物位仪表行业协会理事长单位之宝座矣。

亦由于和自仪五厂相同之目的，1983年，自仪七厂派员赴美国德累逊工业有限公司梅索尼兰分公司考察，着手引进技术之准备工作。至1985年末，终与美国签订高温高压调节阀制造许可证及技术转让合同，使自仪七厂调节阀制造技术达到国际20世纪70年代末水平。

上海光华仪表厂于1984～1985年派员赴日本和联邦德国考察，而后决定与联邦德国路德维希柯罗尼公司签订引进电磁流量计生产技术之合约，并同时组建同德方合资经营的"上海光华·爱尔美特仪器有限公司"。至1987年，光华·爱尔美特仪器有限公司于巨鹿路近富民路处开张营业，生意逐年红火，并缩小了吾业电磁流量计生产水平与国外同行水准间的差距。

同期，还有自仪九厂引进了日本横河的旋涡流量计，华东电子仪器厂引进了美国电子皮带秤，远东仪表厂引进了德国海隆的二位式控制器，上海仪表表牌二厂引进了国外印刷板制造术等。

十七、基建改造

吾业之中，众多工厂在其创建之始，厂房大都狭小拥挤而极不正规，建于老式石库门里弄内居多，也有找来密竹数根搭上油毡即大功告成者，工厂、民居混作一处，劳作、起居混杂一堂，即便握有门牌号码摸上门去，弄得昏头昏脑记不起东西南北亦是常事。

谈起设备更是不敢恭维，吃饭全凭手上功夫，即便有点像样的机器，也是从人家手里弄来的二三道货矣。

1949年后，人民政府开始重视吾业在国民经济诸业发展中的重要作用，逐步投入资金对吾业之工厂进行小规模改造。自1954年起，随着行业对私改造及改组调整，特别是行业全部实行"公私合营"后，政府又逐渐加大投资改造之比重，吾业之工厂在厂房设备面貌上焕然一新，促进了整个行业生产规模和水平的提高。

1959年，建成于民国纪元前一年的"实学仪器厂"（今自仪一厂），因热工控制仪表盘的产量大幅度增加,厂房不敷应用,生产场地甚至扩展至马路人行道上。同年4月,当时一机部四局首长驾临沪上并光临"实学"视察,见此情景大为同情,感叹之余即命有关方面从速解决厂房之困难。

同年9月,"实学"兼并"中电""振华""大达"等三厂,喜气洋洋将工厂迁至漕宝路73号,占地达59100余平方米,一时成为行业之最。1960年,为发展控制盘之生产,一机部四局又拨款120万元为"实学"建造4层仪表装配大楼,面积达7200多平方米,并从此成为业内首家之花园工厂点。

大华仪表厂为扩大生产电子调节器,于1959年租赁江西中路浙兴大楼,1966年又将大名路厂址划出建成了上海调节器厂,并从浙兴大楼迁出,搬至河间路原光学仪器厂厂址,专门生产工业自动化显示记录仪表,占地面积扩至9000多平方米,当时建筑面积达万余平方米。1983年和1986年,大华厂又分别建成了4层仓库大楼一幢及8层仪表装配大楼一幢,厂房更为正规、宽畅,为进一步发展生产打下了基础。

自仪三厂自迁至延安西路厂址以来,厂房改造相对较慢,特别是随生产之发展,逐年显出基建改造之迫切要求。至20世纪80年代,为引进技术、扩大生产,1987年破土动工,建造测温仪表装配大楼,总面积达14400m^2,投资总额1300余万元。由于该楼外形采用圆弧形格调,酷似沪上"华亭宾馆",故在业内享有"小华亭"之美称。

1960年,五家小厂并入天祥仪器厂(自仪四厂前身),行业压力表生产获很大扩展,为此,天祥厂迁入中山北路1300号。后来,为配合市政工程中山北路车行立交桥之兴建,自仪四厂于调整后的地皮上又兴建压力表9层装配大楼,生产方式有了极大更新。

自仪五厂20世纪50年代并入六家小厂,生产亦有很大发展,1966年迁至青浦县崧泽村,占用农田十余亩,新建厂房4700多平方米,并首次完善了车、钳、刨、气动、压力等生产小单元,生产规模不断扩大。

与此同时,自仪六厂、自仪七厂、自仪九厂、自仪十一厂、远东仪表厂、华东电子仪器厂、转速表厂及其他元器件和协作件配套厂,亦为适应整个行业发展之需要进行了较具规模的基建改造,有的迁入新址,有的翻建厂房,业内厂房面貌改观极大。

诸厂于搬迁建设的同时，又增添各类先进生产设备，亦使生产力及技术水准获巨大进步矣。

十八、体制沿革

清光绪二十七年（公元1901年），宁波籍林涤庵和张伯岸二人于沪上创办我国第一家专门经营仪器设备之商行，买卖洋人出产之物理、化学示教仪器，号称"科学仪器馆"，惠顾者大多为学堂、院府，生意渐盛。

清朝末年（1911年），张伯岸拂袖离开"科学仪器馆"，开出"实学通艺馆"，除买卖仪器外，不久又租地造屋，添置设备，从事制造，用现代概念归纳为：引进产品、消化技术、加以仿制。故"实学"由此而成为我国第一家商业、制造结合型的仪器仪表企业。

随着社会生产之发展，1919年，有华通电业机器厂开业；1925年，有绍敦电器公司及大华科学仪器馆开业；以后数年，又有中国仪器厂、光华机械厂、星星工业社、华新仪器厂、保权工艺厂等一批从事仪器仪表制造经销之企业陆续开业。至中华人民共和国成立前夕，沪上亦工亦商之仪器仪表企业计有近二十户，从业人员近千。上述阶段工厂企业均属"完全个体经济"型矣。

1949年后，属吾业之工厂作坊大量涌现，故有众同仁于1951年合力组成行业性"同业公会"，号称"电工器材同业公会"，负责协调生产销售之业务。"公会"虽属吾业之民间机构，但大多数老板确也能自觉执行有关章程，生产经营大致井井有条。

1953年，为配合人民政府对私改造之运动开展，"电工器材同业公会"按所属企业制作产品之特点，拆分为仪器仪表、电讯、电机、照明、电器、电缆等8个同业公会，同时亦推举出业内贤达之士任各公会之首脑。

1954年，业内主要工厂实现公私合营。为进一步实现全面公私合营，并对工厂实行有效之计划调控，上海市政府重工业一局和重工业二局于1955年建立下属"上海市机电仪表制造公司"和"上海市度量衡仪器制造公司"，由葛尚丰出任"仪表公司"副经理并主持工作，刘明思出任"度量衡公司"经理，并将业内工厂按产品分类分别归入上述两公司管辖。

1956年，吾业工厂悉数实现公私合营后，行业经济同时纳入国家计划体制，公司行政和领导功能日益强化，"同业公会"功能亦日益衰退，最终退出历史舞台。

1954～1956年，结合对私改造及公私合营，通过业内外有关工厂之关停并转，计有工厂126户，从业人员近4000名。为此，吾业完成了发展史上第一次调整改组，初步形成了小行业分类及专业化制造之格局。

1958年，为进一步贯彻计划体制，细化专业，政府又将原属市重工业二局之度量衡仪器制造公司中衡器、制尺工厂划出，归入轻工业局及手工业局管辖，同时将该公司及所属仪器工厂同市重工业一局机电仪表公司合并，建成了"上海市仪器仪表工业公司"，归入市电机工业局，同年，政府任命佟子君任仪表公司经理。

1960年，市仪器仪表工业公司划归新成立之"上海市仪表电讯工业局"，并任命亓西钊出任公司之经理，葛尚丰任副经理。同年始，又进一步实行专业化生产，细化分工协作，开始为新的调整改组做必要准备。

1965年，为适应专业化生产之需及由于行业科技发展后自动化仪表已成为一个较成熟的产品门类之现实，从市仪器仪表工业公司划出有关自动化仪表生产协作之条块，组建了"上海市自动化仪表工业公司"，由卢剑人任仪器仪表公司经理，王兴鲁任自动化仪表公司经理。于此前后，行业经过两次调整改组，专业化分工基本明确，条块组合趋向合理。

1966年，公司解散，所属工厂直属市仪表工业局管辖。

1970年，市仪器仪表工业公司恢复，由亓西钊、许明哲、曹俊甫列任党委书记，亓西钊、许明哲列任"革委会"主任。自动化仪表公司未得恢复，有关工厂仍归入大行业公司管辖。

1979年，市仪器仪表工业公司领导班子调整为：陶植、范存传、王震中列任党委书记，刘友谅任经理。同年，又将光学分析仪器厂从公司划出，成立了"上海市光学仪器工业公司"。

1984年，因当时公司领导人年事已高，行将离休安享天年，故由郑祖明、杨希强出任公司党委正副书记，顾巨川任经理。

1986年，随着经济体制改革，各级政府奉中央之令撤销行业行政性公司，市仪器仪表工业公司亦在撤销之列，并于1987年上半年解散，工厂又直属市仪表局管辖。

十九、组建集团

　　1986年下半年，业内各自动化仪表整机制造厂及配套协作厂，为适应国家经济体制改革及行政性公司即将撤销之形势，开始组建企业性集团公司。

　　当时，业内不少有识之士曾辛劳奔走呼号，繁忙磋商，为公司筹建作妥思想上的先期准备。业内诸位新老领导及专家经深入研讨，提出了组建公司之可行性研究书面报告，并由仪表局企业管理协会出面邀请权威人士进行论证。当时赴会论证的有市经委企管处、市经委综合计划处、复旦大学、上海财经大学、上海社会科学院、市体制改革办公室、市仪表局体政办等单位的领导及专家教授，并于1986年10月16日形成正式书面报告，对沪上自动化仪表行业组建企业集团公司表示了充分的肯定，并提出不少良策。

　　1986年10月18日，市仪表局党委下达（86）第249号文件，任命原仪表局科技处处长、仪表电子科技工程公司总经理庄德润为上海自动化仪表公司经理，自仪一厂党委书记张仁溥为公司党委书记，自仪一厂厂长凌佩云、调节器厂厂长李士正、自动控制系统工程公司副经理张中平为公司副经理，自仪三厂技术厂长汤振生任公司总工程师。由此，上海自动化仪表公司首届领导班子正式组成。

　　根据行业要求及有关领导部门的意见，由上海仪表电子科技工程公司、上海自动控制系统工程公司、自仪一厂、调节器厂、仪器仪表成套厂组成公司紧密层单位，由大华仪表厂、自仪三厂、自仪四厂等20个单位组成公司半紧密层单位，公司生产经营组织结构基本构成。

　　1986年10月18日，公司组建签约仪式在上海静安宾馆举行，时任机械工业部仪表总局局长徐文海、市经委副主任谭浩、市仪表局局长叶龙蜚等同公司25个成员单位领导一同出席签约仪式，并相继发表了鼓舞人心之演说。徐文海于讲话中郑重指出："上海自动化仪表公司的成立，不仅是上海仪表工业的一件大事，而且是全国仪表工业的一件大事……"在下目睹了这一盛况，心情激动而难以入眠也。

　　1986年11月6日，上海市市长视察自仪公司所属大华仪表厂和调节器厂，听取公司筹备情况汇报，并欣然提笔为公司写下"上海自动化仪表公司"之招牌字，继而又亲笔题词："引进先进技术，改造传统工业，发展工业控制机"。

  1986年11月16日，上海自动化仪表公司成立大会于沪上大光明电影院隆重举行，机械工业部领导及全国同行纷纷派员赴会，由时任市经委主任郁品方及仪表局领导为公司成立揭牌，公司及上级领导相继发言，鼓舞众同仁携手共进、振兴行业。

  令人遗憾的是，公司首任经理庄德润因病住院而未能出席此日盛会，并于12月30日病情恶化而不幸逝世，吾等闻讯不胜悲哀。

  1987年1月17日，市仪表局党委任命仪器仪表行业工作处副处长赵大伟出任自动化仪表公司经理。

  1987年4月14日，仪表局党委任命张仁溥、赵大伟等6位同仁组成公司党委，公司领导机构又获完善。

  1988年下半年，市仪表局为进一步发展仪表行业，组织了振兴大讨论，会上诸路豪杰慷慨陈词，争献良策。于此基础之上，仪表局领导层作出了加强、充实、完善自动化仪表行业之决策。1989年3月中旬，仪表局党委任命局科技处处长倪光荣任自仪公司总经理，5月下旬，又任命仪表公司党委副书记、时任局统战处处长的杨希强任自仪公司党委书记。

  至此，自仪公司又走上了一个新的发展阶段。

二十、阔步前进

  1989年8月14日，上海自动化仪表公司在大华仪表厂召开新任领导到位后的首次理事扩大会议，众同仁为振兴行业之信心犹如当日之暑气蒸腾，总经理于会议之中提出了"团结一致，发展成套，坚持走组织起来振兴行业之道路"的工作口号。

  随后，通过本业21000多同仁及各级领导的不懈努力，生产经营逐步呈现整体优势。又经过1990年1月和8月两次理事扩大会议，统一思想讨论研究，使行业逐步走向实体化的发展道路。

  1990年下半年，业内有14家主要工厂成为公司实体单位，公司又被列入国家"双保"企业之列。

  同年10月末，行业为增强发展后劲，参与竞争，组成以总经理为首的七人考察团赴美国利诺公司，商洽引进MAX-I控制系统事宜，并取得圆满成果。1990年11月15日，于公司组建四周年喜庆日之前，行业性报刊《上仪报》创刊，后成为旬报，成了业内之重要舆论阵地。当月3号，公司于竞争激烈的出口印度尼西亚电站热控系统项目之投标中中标，开始显露组织起来后的竞争实力。

1990年12月28日，总经理在统一承包经营的承包书上签字，实体化又进入新的阶段。

1991年1月9日，公司于青浦城召开二届二次理事会议，提出了"稳定、完善、发展、提高"和"迎接九十年代新挑战"的工作口号，并具体提出了"全方位经营"的工作原则，由此开始了整体爬坡，令众同仁欣喜不已。

1991年2月11日，公司内部分包签字，25家工厂厂长出席仪式，行业集结成一个整体，同舟共济，犹如一个大家庭。3月5日，美国罗斯蒙特公司一行五人由总裁希斯带队来华，8日到达自仪公司，考察了自仪一厂、自仪三厂、自仪九厂及成套厂、调节器厂，并与公司签订了长期合作备忘录。

同月，原四川仪表总厂厂长吴启明调来沪上，经政府任命，荣任自仪公司副总经理，领导核心又获加强。与此同时，生产亦呈持续上升之势，各项指标均良好实现计划进度，为完成全年工作计划打下了扎实基础。

1991年6月7日，DDZ-S系列仪表共60个品种通过部级设计定型鉴定，缩短了与国外同行在产品技术上的差距，在以模拟技术为主转向数字技术和模数结合为主的转型中迈出了重大一步，其中凝聚了业内科技人员多少心血就不言而喻了。

1991年7月8日，在公司二届三次理事扩大会议上，倪总提出了"珍惜形势，迎难而上，鼓干劲迈大步，开创新局面"的口号，遂为1991年的发展布下关键一棋，使公司在实现产值、销售、利税三增长中出现了数年未见之发展态势。

稍后，公司第二家合资企业"海通"建成开业，专营锅炉微机控制装置。接着又有数家合资工厂开张，增强了吾业竞争及创汇之能力。

1991年10月13日，二届四次理事扩大会议召开，决议把工作重点转移至确保持续增长、加强改革开拓上来，从而使公司实体化进程明显加速，规模优势进一步体现，迎来了又一个发展新时期。

作者简介

谷子，原名项威，男，1954年出生。曾在上海大华仪表厂、上海自动化仪表公司、上海自动化仪表有限公司、上海自动化仪表九厂工作。现为上海亚明照明有限公司高级经济师、工程项目总监。现任中国照明学会半导体照明技术与应用专业委员会常务副秘书长。

那条长廊那本书

李运光

清明时节，春雨初霁，再次走访中控。随学友徐兄（徐义亨）细看了中控展厅，来到"春晖自动化长廊"，从集现代化高科技的灯光下走回当年我国自控初创的时代。一直以来，我都很感谢中控集团领导有这样的魄力，拿出这么宽敞重要的地方建此纪念地，在视寸土寸金为家产的企业里为大家做点事，是不容易的。

我们像回到九斤老太时代那样，絮絮叨叨细数家珍，那时节的热电偶、热电阻、毫伏计、比率计、电子电位计、电子电桥，气动电动的各型仪表、转子流量计、节流装置到电磁流量计、涡街流量计……04类仪表、AYC到集散系统，让我们似乎重走一遍创业长征路。但长廊里的灯光和器物上的浮尘，似乎显得这路上的来往行人已经渐行渐远了。

徐兄特别指给我看一杆小秤，是范兄（范忠琪）从美国买回来的。这是当年的计量鼻祖吧。从秦朝统一度量衡开始，两千多年来，我们就用各种杆秤作为权衡的工具。小秤已经很陈旧，秤砣已锈迹斑斑，但从中体会到范兄为长廊努力的一番苦心。

走到一个收集了当初启蒙自控人才的各种书籍展柜，看到那精装、简装的书籍时，我忽然想起我的一本书……

我们这第一届化自学生没有专业书籍，全凭老师讲，努力记。周春晖先生有天忽然说起某书店有本英语书，好像是 Chamical Automatic Control（记忆似乎有点差异），就到处寻觅，终于买到，如获至宝。

这书是简装的，封面灰绿色，里面的纸质也很差，相当粗糙，明显是翻印的（当时国家外汇缺乏，实属不得已之举）。但有这么本书，对学生们是太解急了。当时介绍较多的是苏联的资料，如俄文版《热力过程自动调节器的参数整定》里，稳定判据大多介绍米哈伊洛夫判据。周先生讲的奈阔斯特判据却在这本英语书里找得到。这本书详细、普及地叙述自控的各种原理、方案、数学应用，既满足了专业知识教学，又让我的英语得到提高。在国内没有专业书籍的20世纪60年代初，一本英文书，一本俄文书，时刻陪伴在身边。

毕业了，分配在西南一隅，是个新建的生产火箭液态原料的单位。干打垒的泥土宿舍，六个人分住上下铺。我"捞"了个上铺，没有垫床的木板，哪怕是竹片，于是工人朋友找了几个装肥皂的硬纸箱片铺上去，放床棉絮。睡觉还行，起来时就要预先将屁股的重心移动到横挡上，不然就掉下去！

房间里一盏15W的灯光肯定无法学习，到车间去要穿过好几里田间窄窄的小路，没有路灯，拄着棍子摸索来回。在车间就着昏黄的灯光阅读这两本书，再将其译出。到北京出差时，谈起这孤灯夜读的情景，同学们都叹为观止。陈永慧还专门买了《燕山夜话》等书让我换换精神。以后每出一集，他就寄一本。但那会儿自己乐在其中，每天晚上拄着棍子走过那刚刚起步的人生泥泞小路。后来工人们还说起，当时把这当着稀奇事来谈论。

尽管在以后的事业中没有直接用上什么判据，但那些给我带来知识的外文书却一直在书架上，陪伴我这化自人一生的苦与乐。每每翻翻旧书，自然回想起浙江大学的启蒙和创业的时光。

2011年，回浙江大学参加化自专业毕业50周年活动，在"长廊"看到许多往事。范兄鼓动大家给"长廊"留点念想，我寻思这本书应该是有意义的一本，它不易买得，且里面保存有不少我的译文纸片。这些纸片纸质很差，黄黑黄黑的，为了节约纸张，书写的字都很小，是用玻璃笔尖蘸蓝墨水密密麻麻地写就，显示了一个书生当年的苦读。

回来后，就向中控"长廊"寄了这本书，而且得到了回复。

本来故事已经告终，然而"长廊"似乎出了"事故"。一直担心中控集团从此不振，但看到连续几期的《中控通讯》，从这幢大楼的楼上到楼下，走访了好几个工作室，从领导层到科研骨干、各级员工，精神状态、成果、市场，都表明这家企业是打不垮的，这支队伍绝对能战胜困难。

我还是担心"长廊"就此荒废，那到底是自动化人几十年奋斗的一点见证和回忆。冉冉时光，已经让许多长者乘鹤西去，在长廊里或许还能找到他们的影子。至今一想到周春晖先生,我就想到那本书,破旧苍老,然而再也买不到的书。

（写于2016年5月）

作者简介

李运光,1939年生,浙江缙云人,1961年毕业于浙江大学化自专业。四川天然气化工研究院副院长、研究员,毕生从事氢氰酸自控工作。享受国务院政府特殊津贴。

风雨五十载

黄衍平　陈婉秋

1962年10月，我俩阔别学习、生活了5年的母校浙江大学，离开杭州，乘上西去的列车，经过50多个小时的旅程，抵达了地处黄河之滨的兰州，到兰州化学工业公司人事处报到，分别分配到兰化公司化肥厂仪表车间和兰化公司设计院工作（1985年中国石化集团公司成立后改名为中国石化集团兰州设计院），并开始了仪表和化工自控工程设计的实践，曾参加过工厂仪表的维护和管理、化工自控工程设计和化工自控设计标准规范的编制工作。虽然几十年来，单位归属和名称几经变更，但我俩始终没有离开过兰州，工作也没有改变过，尽管现在退休离开了兰州，但是仍然很想念她。

今天，不论是石油化工行业的自动化仪表，或是化自专业学科本身，都发生了巨大的变化。回顾我俩的工作经历，也能从一个侧面反映出石油化工行业自动化和化自专业发展的过程。

初识兰州

兰州地处祖国大西北，是甘肃省的省会，属于黄土高原，海拔1700多米（计算节流装置时，大气压应取735.6mmHg）。黄河自西向东从城市穿过，而黄河水始终是混浊的，直到上游建了刘家峡水电站，有了大水库，黄河水才得到澄清。在滨河路段，黄河上有座铁桥，已有近百年历史，河边有羊皮筏、水车等景观，市区还有白塔山、五泉山公园以及滨河路的夜景。

兰州气候干燥，雨水偏少，因而天然植被和树木少，都是后来人工种植的。这里昼夜温差大，但阳光充足，冬天不冷，夏天也很凉快（不需要空调），这种气候条件加上沙石地土壤，瓜果长得特别甜，蔬菜品种也很多，茄子、西红柿、土豆都长得特别大。兰州还盛产百合、甘草、当归等食药材。

兰州的牛肉面是全国有名的，而当地的才是正宗，不论大人小孩都喜欢它,还有凉皮等小吃……兰州的太平鼓更是节日的一道风景线。

兰州化学工业公司

兰州化学工业公司(下简称"兰化公司")和兰州炼油厂是20世纪60年代由苏联援建的我国三大化工基地之一(另两个为吉林化学工业公司和太原化学工业公司)。兰州化学工业公司由化肥厂、合成橡胶厂和石油化工厂等组成。我俩分配到兰州时,工厂均已开工生产,并且有相当数量的基地式仪表在运行,包括气动和电动的,生产车间采用就地和集中控制相结合的方式。尽管自动化技术在石油化工行业还刚刚起步,但这些仪表的使用已打下了工厂自动化技术的初步基础。工厂设有仪表车间,负责全厂仪表的日常维护和管理。为了扩大生产能力,由兰化公司设计院承担工厂的改扩建工程设计任务。

1963年,国家制定了科技发展十二年规划,提出以控制计算机为中心的工业自动化试点,当时国家科委、计委和经委选择了兰化公司化肥厂的合成氨装置作为第一个试点项目,由化工部组织,在兰州友谊饭店召开自动化方案论证会。记得周春晖先生和王骥程老师也应邀前来参加会议,并在会上作重要讲话。我俩也去看望了老师。会后不久,该试点项目就由兰化公司化肥厂、中科院沈阳自动化研究所和化工部自动化研究所共同参与实施。陈婉秋也参加了该项工作。

1965年,为加速发展石油化工行业,化工部决定从西欧引进一批先进的石油化工装置,其中有兰化化工厂的砂子炉裂解制乙烯装置、陕西兴平化肥厂重油气化制合成氨装置等。工厂选用了当时欧洲较为先进的小型电动或气动单元组合式仪表(如西门子仪表等),全装置采用一个中央控制进行集中控制。

1965年,黄衍平负责陕西兴平化肥厂重油气化制合成氨的仪表工程设计项目工作,工艺的气化部分是从意大利的蒙特卡梯尼公司引进的,而变换、合成、硝酸、硝铵是我们自己的工艺技术。1965年以前的仪表设计,大多是参考苏联氮肥设计院的设计图纸和做法,而现在我们自己做设计,就要逐步摸索和建立一套完整的设计图纸内容和深度的表达形式。在这样的工作环境下,我们逐步成长起来,直至能够独立完成项目设计工作,而在现场通过参加装置的开车实践,积累了实际经验,也承担起一份工作责任。

20世纪70～80年代，为了满足对化肥、乙烯日益增长的需要，国家又先后引进了一批大型合成氨和乙烯装置，引进技术推动了石油化工自动化的发展和设计水平的提高。引进装置采用的仪表为法国某公司的小型电动仪表，较苏联援建的基地式仪表先进。而我们自行设计的部分也相应采用了小型的电动和气动单元组合仪表，全厂采用一个控制室实现集中控制，仪表管件和安装技术也较为先进。这时选用的仪表已从小型电动或气动仪表逐步过渡到采用分散型控制系统（DCS），到了90年代，大部分新建的装置均采用分散型控制系统。

20世纪60～90年代，自动化仪表技术经历了一个从大型的基地式仪表到小型的电动或气动仪表，再到分散型控制系统的发展过程，而我国仪表制造业也是沿着这条路走过来的。

进入"自控中心站"工作

"化工部自控设计技术中心站"（下简称"自控中心站"）是20世纪60年代初由化工部基建局创建，并设置和挂靠在兰化设计院（后改名为化工部第五设计院，即现中石化兰州设计院）的一个科级单位，其职能是组织编制自控设计技术标准规范，进行仪表和自动化技术交流，举办技术培训等业务内容，同时创办了刊物《化工自控简讯》（现更名为《石油化工自动化》）。

自控中心站下设技术委员会，由化工行业（以后包括石化）各工程公司（设计院）推荐的技术专家组成，设主任委员、副主任委员、委员和顾问，至今已成立了八届，黄衍平参加了历届技术委员会的工作。

黄衍平在参加《自控安装图册》编制期间，正式进入自控中心站工作。

自1961年建站以来，自控中心站先后组织编制并完成了《自控安装图册》《石油化工自控设计手册》《自控材料器件手册》《化工过程检测、控制系统设计符号统一规定》《化工自控设计技术规定》《化工厂自控设计施工图内容深度统一规定》《化工自控专业计算机辅助设计软件包》《化工装置自控工程设计规定》《调节阀计算使用手册》《节流装置计算程序》等主要标准规范和手册。还编辑出版了刊物《石油化工自动化》。

1972年，自控中心站组织浙江大学、华东化工学院、北京化工学院等高等院校，编写了《化工自动化》一书，我国自动化行业著名教授周春晖、蒋慰孙参加编著，并承担全书的审稿工作。

1975年，自控中心站又组织了《化工自动化丛书》的编写工作，并成立了丛书编辑委员会，周春晖教授任主任委员，蒋慰孙教授、万学达教授级高工、王骥程教授、沈承林教授任副主任委员。至1986年，共完成了26本丛书的编写工作。

记得1980年夏天，在昆明召开《化工自动化丛书》编审工作会议，有机会同周先生一起漫步石林，那时他看上去身体还很好，可能是血压有点高，他买了葵花子和云南当地的白薯，他说生葵花子能降血压。周先生那么平易近人，给我留下深刻的印象。

在自控中心站工作期间，除了参加自控标准规范的组织编写工作外，还参加了《石油化工自动化》稿件的编审和出版工作，以及举办技术交流培训班等。

1979年5月，由自控中心站组织的"调节器闭环调校"报告会在江西乐平维尼纶厂召开，应仪表车间主任林德权的邀请，由曹润生作报告，结合乐平维尼纶厂仪表运行实践，对类似的工厂做了一次报告和交流。这次交流会使我们几个同学包括袁定鑫、韩良余有机会相聚。

化工自控工程设计标准规范、资料不断完善

为了满足自控工程设计的需要，总结20世纪60年代以来的仪表安装工程实践，由自控中心站组织，化工、炼油、五机部的设计、施工单位参加，于1974年完成了《炼油化工自控安装图册》的编制，以后又分别于1985年和1995年进行了两次修订。

20世纪70年代初开始，为了普及和提高自动化专业人员的业务知识水平，由自控中心站组织，各高等院校参加，编写一套《化工自动化丛书》，以及《化工自动化》教材，浙江大学化自专业以周春晖先生和王骥程老师为首，还有林新民、沈平、高袗畅、曹润生、孙优贤等一批老师，均参加了《丛书》的编写工作，并于80年代全部完稿，由化学工业出版社编辑出版，留下了宝贵的专业财富。特别值得一提的是，在这个特殊的年代，浙江大学化自专业在这项工作中，以极大的热情作出了无私的

奉献，也是对自控中心站，以至整个石油化工行业的最大支持。

从20世纪70～90年代，为了逐步建立一个完整的化工自控工程设计标准体系，并与国际通用设计体制相适应，即符合国际型工程公司对于工程建设项目总承包模式（包括设计、采购、施工、开车）的要求，自控设计中心站分三个阶段逐步完成了相应的标准规范的编制和应用推广工作。

第一个阶段：1970～1985年，重点是编制化工自控工程设计文件格式的统一规定和典型化工装置自控设计技术规定。在这个阶段中，除完成《炼油化工自控安装图册》外，还完成了《化工过程检测、控制系统设计符号统一规定》《化工自控设计施工图内容深度统一规定》《氮肥厂自控设计技术规定》和《石油化工厂自控设计技术规定》的编制。

第二个阶段：1985～1995年，为了使技术规定具有通用性，以适用于不同类型的工艺装置，按工程设计内容划分，编写了若干个独立的规定，并加以细化，完成了包括《自动化仪表选型》等13项分规定内容在内的《化工自控设计规定》。后于2000年作了一次修订。

第三阶段：1995～2000年，重点是为了适应新体制和方法的要求，引入设计管理方面的内容，编写了《化工装置自控工程设计规定》，其中包括《自控专业设计管理规定》和《自控工程设计文件的编制规定》两个部分。新体制、新的模式已在国内的工程公司和设计院得到普遍的推行。

《自控安装图册》的产生

《自控安装图册》是仪表设计图纸的一个组成内容，为了总结20世纪60年代以来的仪表设计安装工程实践，推广应用新型的仪表管件、阀门和安装技术，同时满足自控工程设计的需要，由自控中心站组织编制《炼油化工自控安装图册》。1970年开始，黄衍平从工程设计转向了标准图册的编制工作，作为主编成员之一，在总结1965年编制的《化工自控通用图册》使用经验的基础上，同时吸收60年代以后引进装置的新型仪表管件和先进安装技术内容，系统地将图册分为安装图和制造图两个部分。

经过近4年的时间，在化工、炼油、五机部等设计和施工单位的共同努力下，于1974年12月完成了《炼油化工自控安装图册》共18个分册的编制。该图册的完成，不仅满足了自控工程设计的迫切需要，而且催生了新型管阀件的生产和应用，促成了80年代江苏扬中和浙江温州地区一大批仪表管件阀门生产企业的诞生和发展。

1995年，《自控安装图册》进行了改版，两次编制成果都得到了上级部门的充分肯定，并获得了化工部优秀设计项目奖。

参与大型引进化工项目的设计工作

1989年，岳阳石化总厂从西欧引进己内酰胺化工装置，生产尼龙6060。这是中石化首家引进该项目，由兰州设计院负责设计，陈婉秋参加了该项目的仪表工程设计工作。

1993年，九江石化总厂从日本引进年产30万吨合成氨装置，也由兰州设计院承担设计工作，黄衍平作为项目的仪表专业负责人，组织开展并完成了仪表工程设计。

两个装置均成功开车投产。

匆匆五十年，人生一大段，经历的大事有一些，琐事也不少，无论是工作或生活方面，在北方生活学会了蒸馒头……不论在兰州或在浙江，都深深体会到个人的前途同国家的命运息息相关。

作者简介

黄衍平，1938年生，福建泉州人。1962年毕业于浙江大学化工自动化专业。1962～2001年在中石化兰州设计院自控室和自控中心站工作，高级工程师，1986年聘任为设计部副总工程师。长期从事石油化工自控工程设计和自控设计标准规范、图册、手册的编制，并参与《石油化工自动化》的编辑出版工作。曾在专业期刊上发表过《重油裂解气化制合成氨自动化仪表工程总结》《控制室的抗爆结构设计》等文。曾任九江石化总厂引进大化肥装置仪表专业负责人。主编1995年《自控安装图册》第3版等。

陈婉秋，1939年生，浙江温州人，1962年毕业于浙江大学化工自动化专业。1962年起在兰州化学工业公司化肥厂仪表车间任技术员，1974年入中石化兰州设计院，先后在自控室和自控中心站工作，参加过工程项目的设计和自控中心站的业务建设以及《石油化工自动化》的编辑出版工作。

人生感悟诗四首

王同辰

一

人已百岁性为迁,
倜傥风流仍如前。
皓首创新新岁月,
冯唐易老老少年。

二

百岁仍然清风袖,
功高难封李广侯。
富强空怀书生计,
安贫乐极更何求。

三

休夸奇功大膜片,
温差发电史无前。
唾手万金陶朱业,
风流人物数今天。

四

拆迁旧居梦未醒,
十佳寿星忽成名。
众人争讯长寿术,
坚持用脑切莫停。

作者简介

王同辰，江苏人，毕业于清华大学电机工程系，高级工程师，上海市十佳寿星。历任上海工业自动化仪表研究所主任工程师、研究室主任，上海华美霓虹灯厂有限公司董事、常务副总经理，上海华仪测控技术工程公司董事、总经理，上海罗伦高温技术研究所所长兼总工程师，上海市退（离）休高级专家协会机电专委会地区小组组长。主要研究高温技术和仪器仪表领域内的材料、元器件、工艺，国内首创高温电热元件硅碳棒、大膜片、铠装热电偶、超微型铂热电阻、悬浮区熔硅单晶等。2017年8月去世，终年102岁。

记忆犹新的几件事

索秀慧

氧氯化装置会战

1975年,我被借到从联邦德国伍德公司引进的氧氯化装置会战,参加自动化仪表验收、调试、安装、试车,这个项目是毛主席圈阅的项目。这套进口装置生产聚氯乙烯,为了解决塑料大棚用的塑料薄膜。

在安装仪表过程中,发现仪表盘强度不够,经测量仪表盘厚度只有3.0mm,没有达到合同上提供的4mm厚度,经与德方代表谈判,无法更换,只能从付款里减去这部分货款。管廊上的电缆桥架的厚度也没按合同规定提供,我又找德方代表提出,他们又同意从货款里减掉。这套仪表全部是德国西门子300系列电动单元仪表,全是电动仪表,体积比日本横河电机株式会社的还要小,输出也是二线制直流4~20mA标准信号,后来国内生产Ⅱ型电动单元仪表,基本是按德国西门子300系列电动单元仪表尺寸生产的。没有气动仪表,它的联锁装置是当时欧洲最先进的黑马插卡,执行机构上电动阀门定位器的线圈电流非常小,不能用万用表测量,否则线圈就会烧坏。安装工人不知道,装完后用万用表检查一下是否接通了,结果线圈被烧坏,一台表就不能用了。

这年秋的一天,我正在仪表控制室调校仪表,忽然听到外面有人叫嚷,我跑出去,看到一位工人抱着一个德国人从Y形管道上下来,放在拉水泥的翻斗车里,急忙往厂门口开,一面喊人叫车送医院。后来知道,这个德国人是负责工艺设备安装的工程师,任务已完成,要回国了,想把安装完的厂区拍个照带回国,就爬到管廊上找合适位置,在向后退的时候,不小心碰到高压线,他的右肩锁骨处被高压电打穿了一个洞,电流通过身体从左脚心流出,幸好没有通过心脏,保住了性命。当时德国副总代表知道后,通知立即买机票回国,他觉得这是给德国丢人了。厂里和德国副总代表商谈,事故发生在中国,救死扶伤,中国有责任给他医治,不同意带着重伤的病人离开北京,德方终于同意病人留下来，在北京协和医院治疗。

他担心左腿会保不住，今后不能工作，只能给夫人开车，靠夫人来养活他和孩子，非常悲观。经过协和医院两个多月的精心治疗，他的左腿保住了，并且能站起来走路，出院时他激动地说感谢中国人救了他。这件事对我触动很大，为自己是一个中国人感到自豪。

1975年冬天，裂解炉点火试车，正常裂解燃烧温度应是900～910℃，结果温度总指示在790～810℃，德国人让加大煤气量，可燃烧温度还是上不去，又加大煤气量，燃烧温度仍然上不去，只好把供燃烧的煤气停了。待裂解炉温度降下来，打开裂解炉检查，发现那些砌好的耐火砖，全都被烧酥了，不能继续使用，需要更换新的耐火砖，就把备品用了，又点火试车，结果耐火砖又被烧坏。耐火砖要从德国运来，那时中国没有直通德国的航班，要通过香港转运，需要等一个星期。我想温度测量的铂铑铂热电偶会不会有问题，找到一只长度1m的国产铂铑铂热电偶装进去，想试一下。待耐火砖重新砌好后，又重新供煤气点火，这时温度显示900℃。当时德国人也没能弄清楚原因是什么？我告诉他是测量温度的铂铑铂热电偶长度不够。试车成功后，把装进去1m长的中国铂铑铂热电偶抽出来和德国的铂铑铂热电偶一比，德国铂铑铂热电偶短了12cm。短了12cm，烧坏两炉耐火砖，加上飞机运费，德国损失不小。

1976年7月21日，唐山大地震是凌晨，我们一家人从楼上跑到楼下，安排好家人，大约6点钟，我骑上自行车往厂里赶，因为前一天仪表盘才开箱，只把木箱打开，放在仪表控制室的地上，还没有打地脚螺钉固定。这一地震，万一倒了，损失可就大了，除仪表损坏，工期也要拖延下去。我赶到现场时，德国人早已到现场了，德国人的工作责任心让人敬佩和学习。

1976年9月，试车时氯气管道漏气，管道内已有氯气易爆炸，不能动火，周围已拦起警戒线。直到警戒解除我们才看到，管工师傅用他们的智慧和技术将漏气孔用管箍卡住，没有焊接，保证了试车成功。

1号工程

1976年11月底，还没等到氧氯化装置开车投产，我经过严格的政治审查，被调到1号工程毛主席纪念堂的配套项目——北京氧气厂负责的毛主席遗体保护用的进口分析仪表验收工作。这些分析仪表是通过驻各国大使馆商务参赞定的货，1977年5月陆续到货。

为了保密，借用北京化工厂检查科新盖的分析楼实验室验收这批进口分析仪表。6月开始接待外国技术人员，先验收意大利卡罗爱尔巴公司的氚源气相色谱分析仪表，这是我们国家第一台利用氚源作鉴定器的气相色谱分析仪器，色谱柱是6m长、直径1.5mm的不锈钢管，它分析高纯氮、高纯氩等气体中甲烷极微小含量及氧的含量（百万分之几）。高纯氮、高纯氩都是四九的纯度，即99.99%，杂质含量都在百万分之十以下。

还有红外线分析仪器、微量氧分析仪器、微量水分析仪器。组织这些进口分析仪器资料的翻译（彭真的外事秘书、第二外国语学院的老师都给予很多帮助）、开箱检验、性能测试及接待外国技术人员来北京调试、验收、投入生产使用的全过程，受到北京市化工局和北京市外事口的高度重视。每次送往纪念堂的高纯氮气体、高纯氩气体的分析报告单我都留一份，保存在我的保险柜中，直到退休，交给下一任。这些分析仪器有的至今还在继续做贡献。

1977年，为了解决送往纪念堂的高纯氮、高纯氩的纯度问题，特别安装了一套液化装置，在试车中我还解决了一个难题——气动调节阀选型不合理问题。设计不应选用单座阀，直通单座调节阀一般用于小口径、低压差场合，应选用气关式高压差抛物线特性的双座阀。结果成功了。出厂时高纯氮、高纯氩是液态，装在液体罐内。到了纪念堂，什么时候用，就打开气化阀门，送出的就是高纯氮、高纯氩气体，保证了质量。

计量工作

1984年年初，我正式被借到化工部能源处工作。根据国家经委要求，对江苏太仓化肥厂液氨能耗进行现场测试。太仓化肥厂当时没有精度高的流量仪表，我到北京燕山向阳化工厂借了一台日本进口的0.5级椭圆齿轮流量计，太仓化肥厂蒋厂长把仪表带回，我随后到工厂生产现场指导安装。为了节约时间，又不给工厂增加工作量，就在现有管道条件下加一旁路解决测试仪表安装问题。我和工人一起加班到深夜1、2点，完成了管道的改装任务。液氨本应是液态，但它极易气化成气体。液体流量测量最怕有气体，一旦液体内混有气体，测量就不会准确。为使流进椭圆齿轮流量计里的都是液体，我提建议在液氨塔出口处加一个高位槽，让液体从高位槽底部流经椭圆齿轮流量计流出，气体从高位槽顶部返回液氨塔，这样气体没有浪费，又被回收了。

为了保证仪表的准确度（0.5精度），我又把这台仪表送到上海热工仪表研究所进行标定，并出具了校验证书。安装后进行测试，结果液氨能耗比厂里上报化工部的还要低，反复测量准确无误，才正式上报化工部和国家经委。经委正式下文，授予太仓化肥厂液氨能耗全国先进单位。

1984年冬，为解决全国大中型化肥厂的液氨产量无法计量，一年要造成几千万元的重大亏损，化工部能源处让我提出解决液氨计量的具体方案。秦仲达部长拿出外汇资金，决定从国外进口液氨计量仪表。刚刚改革开放，北京还不能接待外国人，只能在广州和香港中间商谈判。为解决液氨气化问题，建议各厂在液氨出口加一个高位槽。每个工厂液氨产量不同，我选择的大型化肥厂为沧州化肥厂，中型厂是兰州化肥厂，经过严格计算，定了两种规格的高位槽。又根据香港中间商提供的技术资料，最后谈判确定选用日本横河电机株式会社的涡街流量计。

为保证仪表正确安装和使用，在江苏太仓化肥厂办了培训班，请日本横河电机株式会社的技术人员来讲课，并在现场指导安装、调试、开表，直到正常运转。经过多年使用，至今性能良好，企业满意。

1986年开始，我负责北京氧气厂计量工作升为"国家一级企业"的组织工作，从生产科室、管理科室、后勤科室到生产车间、辅助车间，经过国家计量局组织的验收，一次全部通过，总评分最高，获得华北地区各行业第一名，北京市第一名，全国化工行业第一名，登载在人民日报上，授予"国家计量先进企业"称号。同时我设计的计量网络图被收入国家计量局编制的《计量升级汇编》中，共六册。又组织领导企业计量最高"标准器"12项建标工作，经北京市计量局检查认证，一次合格，并颁发证书。此项建标获得了北京化学工业总公司（原北京市化工局）科技成果三等奖。

1987年，为化工部编写全国化工系统《计量器具ABC分类管理办法》，1988年8月，组织化工部系统有关单位审定通过，并在全国化工系统推广。

1988年，在北京氧气厂科技大会上发表《计量测试是企业生产和科学管理的技术基础》和《量出一家，数出一门》两篇论文，被收编在科技大会论文集中，并获得二等奖。

1988年和1989年，两次在化工部召开的全国化工计量工作会议及化工计量协会上，介绍我厂《计量升一级企业经验》和题为《我们是怎样巩固提高一级计量水平的》及《提高一级计量水平的几点具体做法》三篇论文。

1988年，解决长期送往北京化工二厂管道高纯氮气计量问题。经过一年多调研、计算、测试、选型，采用进口精度0.5级差压变送器，通过北京市计量测试所的测试和计算，全部达到标准给予认证，作为贸易结算的计量仪表，具有法律效力，为该厂挽回600多万元的损失。

1989年，解决北京氧气厂送出三条管道高纯氮气计量问题。经调研和与外商交流，查阅大量技术资料，最后选用德国E+H公司生产的漩涡流量计，从选型、计算、管道设计到安装投入使用，均达到计量仪表标准，得到北京市计量局认证，使用以来效果良好。

1990年，根据生产发展需要，新建6项最高计量标准器，得到北京市技术监督局验收认证，从此自检能力由72%提高到91%，减少了送检费用。为巩固已取得的计量管理技术成果，对全厂计量器具进行细致复查核实，将全厂2870台仪表、量传最高标准器23项全部输入计算机，应用微机来管理全厂计量器具，制定计量器具检定周期及送检周期，使工作准确无误。

1994年秋，借到北京化学工业总公司，筹建北京化学工业总公司计量站，解决北京市化工系统计量标准传递问题，建立力学室、衡器室、电子室、分析室、温度室。

两次在株洲的经历

仇永兰

在株洲我有两次工作经历。第一次：等待去实习；第二次：参加十二辊精密轧机维护和保养。两次加起来3个多月。

1963年，我毕业于北京钢铁学院金属压力加工系特种金属材料压力加工专业，分配到第一机械工业部仪表专用材料研究所（简称：株洲所）。8月下旬，与吴国淦同行，从株洲火车站沿着一条土路寻找到荷塘铺，再沿着一条由南向北的公路走到宴家湾，向一位老农打听株洲所。他手臂一伸指着前方大声喊："鼻子揩！"我抬起右手做了一个揩鼻涕的动作，呆呆地望着他，他乐了，连连摇头，连比带划，原来是笔直朝前走！不懂方言导致搞笑，此可谓"乐"开头耶！

宴家湾是红土丘陵地，株洲所坐落在公路西侧，四面高、中间低、南北长、东西窄的一大片长方形农田北头，是一座独栋平顶二层楼的建筑，坐北朝南，没有挂单位牌子。整栋楼对称布局，东西南北居中位置都有门，南门是正门，面临农田，东门挨近公路，是正常出入之门，一条中间走廊贯通东、西两道侧门，楼道迎着正门位置偏北，门厅里有一张乒乓球台子，每层楼估计有20个房间（指3m多宽的标间），楼层里没有卫生间。出北门上坡（落差5～6m）通向食堂，食堂设在一个工棚里，西边厨房，没有餐桌。东南角围成一个简陋的洗澡间，与东边的仓库毗邻。正门外不远处有一个厕所，里面没有自来水，是不冲洗的。据说，这栋楼前身是半导体厂，建了一半下马，所以还是个毛坯房。

当时株洲所尚处在筹备阶段，王开志是第一任副所长兼党支部书记，付岷副所长分管业务和技术，下设办公室、人事科、财务科、行政科、设备科、基建科、团委等，五脏俱全。不过，每个科室只有1～2个人。前2届分配来的技术人员有本科生和中专生，全部送到外单位实习。

我们这一届分来的全部是本科生（大约23人），分别来自清华大学、北京钢铁学院、东北工学院、中南矿冶学院、武汉大学、厦门大学、中山大学、上海外语学院等。其中张佩芬和郑进乐两个党员是临时负责人，组织政治学习，办德语启蒙学习班。马政林、黄元龙、金吉琰和郑秉礼等活跃分子组织球赛、文娱活动、办墙报。记得，我的一篇文稿是《姓字前面都加了个"小"》，令黄元龙颇感冒，他说，"小仇，你的文章别具一格。"

一楼用于领导、行政干部及其家属宿舍。如王、付两位所长各拥有两个朝南房间；中层干部和行政人员如孙瑛华、范传述、薛增顺、曲琦、金福良、上官凤鸣（未带家属）、张永清和钱玉年等及其家属全部住一楼。偶尔公路上有汽车驰过。眺望农田南头有点点灯火闪烁，至今我都不清楚那是工厂还是民居。晚饭后，经常见到王所长牵着6岁左右的幺儿小朝都，在东门外一小块平地上看星星。小朝都见到不熟悉的面孔会害羞，紧紧拉住他爸爸的手躲在身后偷偷地张望，那时的小孩没啥好玩的，与现在的"小皇帝"没法比。付所长家中有五朵金花、一位老岳母，夫人章大姐体弱多病。钱玉年一家三口卧室挨近楼梯，有个不足一岁的女儿小燕子，一张小脸圆圆胖胖，白里透红，特漂亮可爱。曲科长喜欢打乒乓，经常耍赖，只要有他参加，争吵声、笑声就不断……

楼上是办公室和单身职工宿舍，团委办公室和财务科分别对着左右对称的楼梯口。新来报到的女生集中住在朝南的一个大房间里，东邻财务科。最东头是情报室——株洲所唯一称之为"室"的部门。至今，我还保留着当年一张借书证（如图所示）。

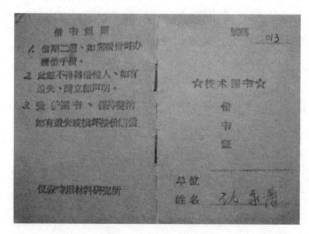

图1 一张借书证

63届人数众多,朝气蓬勃,给株洲所注入活力并带来空前兴旺。11月上旬,这批人出发到西安仪表厂劳动实习。11月9日,西安仪表厂干教科沙科长作实习动员报告。吴国淦、马政林、郑秉礼和我分在元件车间四辊轧机跟班劳动。刚半个月,老吴应招回株洲,着手准备十二辊精密轧机维护和保养。

　　据说,上级部、局领导很重视这台设备,视之"镇所之宝"。20世纪60年代初期,原定从苏联进口,后因中苏关系破裂,苏联毁约,设备被卡在海关,幸好全套图纸资料国内已经收到,就由上海彭浦机器制造厂(简称:上海彭浦厂)牵头自己制造。北京钢铁研究院、上海钢铁研究所分别得到一台国产十二辊精密轧机,他们及时安装并付诸使用,而所里这台轧机尚在仓库里放着,何时何地安装尚不得而知。为了保证轧机的精密度,决定进行一次维护和保养。12月上旬,吴国淦随同设备科范传述科长到上海彭浦厂购买图纸,并请来两位高级钳工师傅,其中李师傅八级,程师傅六级。

　　1964年元旦过后,我也被召回株洲,到达时,9吨多重的主机已从仓库移到附近一个机车修理厂。维护小组由李、程两位师傅,吴国淦、屈庆琨(重庆机校毕业)和我五人组成。其中,小屈负责采购。我跟随师傅记录整机拆卸全过程。以下一组照片记录了当时拆机步骤、存在问题和采取的措施,图2是现场速记速绘示意图。

(a)

图2

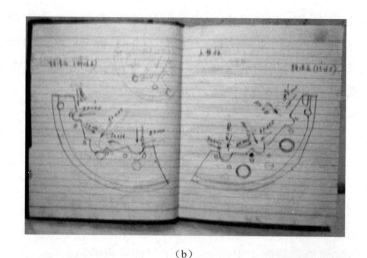

(b)

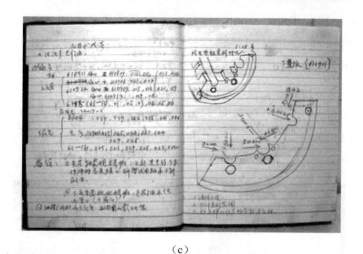

(c)

图 2　现场速记速绘示意图

1964年元月15日,一切准备工作就绪。16日,开始拆机,分8个步骤完成。17日,清洗前先刮油。发现"无号轴"上有长约3寸的锈斑,下底座上发现水锈斑——系包装油不纯造成的。18日、19日,检查上、下垫板操作面(标准面)和传动面是否变形,并开始分两个组工作。第一组以师傅为主,对上、下两个垫板先用煤油清洗再研磨,视变形程度予以整形。第二组清洗7个支承辊和轴承等零件。20～30日,清洗和抛光轴承表面,发现1013号、1022号和1028号轴承表面有砂眼。31日,清洗卷线机构、研磨轧辊和底座的轴。发现61-15号头部有大裂缝。2月1日，研磨4只传动辊上的砂眼，缺少专用研磨工具，师傅采用白纸沾研磨膏进行抛光。因为砂眼较多，需要上磨床磨，为了保持配套精度，4只辊子必须磨成同一尺寸。

  在整机复原前，全部零部件都要重新涂上新的润滑油（或防锈油）。据老吴回忆，拆卸下来的零部件放置很有讲究的，有的平放，有的竖放，还有的则要吊起来放。除锈时只能用最细的砂纸或研磨膏轻轻打磨，不可操之过急，否则影响整机的精密度。通过拆机检查，发现产品存在着一定的制造质量问题。当然，在运输和保管中也有一定的问题，例如，向开槽内有积水。

  2月13日是春节，中国人有回家过年的习俗，这项工作必须赶在春节前完工。当时的株洲所除了派出三个人协助外，没有工作场地，没有材料，没有工具，工作条件和生活条件都比较差，好在请来的上海师傅素质高，他们以工作为重，雷厉风行，四处寻找合适的工作场地，准备需要的材料和工具，能借则借，实在借不到的，才开出清单采购。事实上，有些东西一时是买不到的。

  1月份的株洲，蒙蒙细雨，潮湿阴冷，手握冰冷的钢件，整天长时间地与煤油接触，影响胃口。李师傅患有胃病，经常是忍着疼痛领着大家齐心协力干。上海彭浦厂充分发扬共产主义大协作精神，派出两位高级钳工师傅，除了往返车票，分文不收。

  参加十二辊轧机维护保养工作，是一次难得的学习机会，除了深入了解到轧机的构造和书本上学习不到的维护保养知识外，最大的收获是从上海师傅那里学习到任务面前一切"以任务为重"的责任心。"干"字当头不退却，"困难面前"不抱怨。充分发挥主观能动性，积极想办法。事实证明没有克服不了的困难，让我终身获益匪浅。

  送走两位师傅，赶在春节前，我被派到上海电器科学研究所实习。临行前，付岷副所长送我四个字"与人为善"——我铭记在心。

望海潮 夜读飞鸿来稿

林寰寓

黯霖初歇,
钱江犹醒,
敲窗风语潮迟。
半盏茶冷,
一灯如豆,
关屏片刻凝思。
岁月逝如斯。
历沉浮毁誉,
捷报常驰。
仪表工匠,
自控事迹载青史。

帘卷星残云舒。
想范公托钵,
八载传书。
苍颜写照,
白首寻钩,
纵然史海扁舟。
《飞鸿》五辑留。
记尘封往事,
参详理梳。
希冀工程研发,
免蹈覆辙途。

注 范公,指范忠琪先生,首议编辑中国仪表和自动化技术、应用和产业发展60年史料,并任编委会副主任。自发起之日,到《飞鸿踏雪泥》第五辑出版,前后共历八年。

作者简介

林寰寓，浙江台州人，1959年生，1978年入浙江大学化工自动化专业，1982年毕业。《中控通讯》编辑，《飞鸿踏雪泥》编委。

谢幕词

大江东去，浪淘尽，千古风流人物。

随着大江东去的，除了青史留名的英雄豪杰、文人墨客外，更多的是解决人们衣食住行的劳动者，即被称作工匠的人。其实，后者才是创造物质文明、推动社会整体发展的主力军。但古往今来，在滔滔史海中，往往是攻城略地的王侯将相、作赋唱歌的才子佳人在粉墨登场，为工匠作传的，如柳宗元的《梓人传》、韩愈的《圬者王承福传》，只不过是沧海一粟，以至于大量能工巧匠的故事湮没在历史的长河中而被后人遗忘。

自工业革命以来，科学技术全面引领社会的发展，工业发展一日千里。其中，作为工业的大脑，仪表自动化行业更是发展神速。民国初年，我国就有仪表自动化行业的萌芽，并在八年抗战的艰难岁月里顽强生存。1949年后，随着化工、炼钢、水泥、电力等一大批企业在中华大地上兴建，仪表自动化人中原逐鹿，在我国有了广阔的用武之地，并催生了一批仪表企业的发展。在西迁历程中，又留下了仪表自动化人铁马冰河的故事。改革开放之后，仪表自动化事业冬去春来，除国有企业外，合资企业、民营企业如雨后春笋，全行业一片姹紫嫣红。

今天，仪表自动化的服务对象已不仅仅局限在石油、化工、材料等流程工业，也早已在高铁、地铁、隧道、船舶、楼宇等公共工程中提纲挈领。特别是借助于芯片、软件及量子、纳米等技术的发展，正在走向更加广阔的空间，服务于诸如宇航、军工、网络、通讯、人工智能等新兴产业。仪表自动化人豪气干云，精彩的故事也层出不穷。

但是，仪表自动化人的故事能进入报纸、杂志、电视、网络直播等大众传媒的却并不多，究其原因，除了专业本身的战略性，国家需要保密而限制其进入大众视野外，其专业的特殊性也是一个重要的原因。

会道的一缕藕丝牵大象，盲修者千钧铁杵打苍蝇。仪表自动化专业就是这缕细细的藕丝，当一项重大工程竣工剪彩之时，人们往往关注高塔、大厦、大桥、巨轮、火箭等有形的大象，而忽视其背后的仪表、DCS、电脑及各类芯片、算法等牵引大象的藕丝，更何况一些大型工程因时移境迁而变为潮打空城，世人往往无从知晓。因此，仪表自动化人常常成为幕后英雄，容易被世人遗忘。其成功的经验和失败的教训也有可能随风飘散。

为此，我们这些散布于全国各地的仪表自动化学人，位卑未敢忘国忧，志趣所同，一拍即合，在中国仪器仪表学会召集下，由浙江大学工业控制技术国家重点实验室牵头承办，上海工业自动化仪表研究院等单位鼎力支持，组成中国仪表和自动化产业发展60年史料编辑委员会，托钵化缘，以民间之财力，历经八年，编写《飞鸿踏雪泥》文集，前后共出版五辑。

但是，八年笔耕之后，我们《飞鸿踏雪泥》编委中大部分同仁也已步入耄耋之年，燕歌远别，而蓬山万里，更要留待年轻一代去追寻探索。所以，当《飞鸿踏雪泥》（第五辑）杀青之日，也是本书编委们集体谢幕之时。

江山代有才人出，各领风骚数百年。当今，仪表自动化事业方兴未艾，仪表自动化人的故事自然未有穷期，需要有志之士去大力发掘，进入大众的视野。我们相信，传书自有后来人。我们希望有缘人能重启这一义举，让仪表自动化人的精彩故事得以薪火相传。因此，这五辑《飞鸿踏雪泥》作为中国仪表和自动化产业发展60年史料，也仅仅是一个开端，一个铺垫，一次抛砖引玉，让读者们管中窥豹，略见仪表自动化事业的一斑。

是为词。

《飞鸿踏雪泥》第五辑编辑委员会
2018年8月